Prentice Hall

# MATEMÁTICAS

## Curso 2

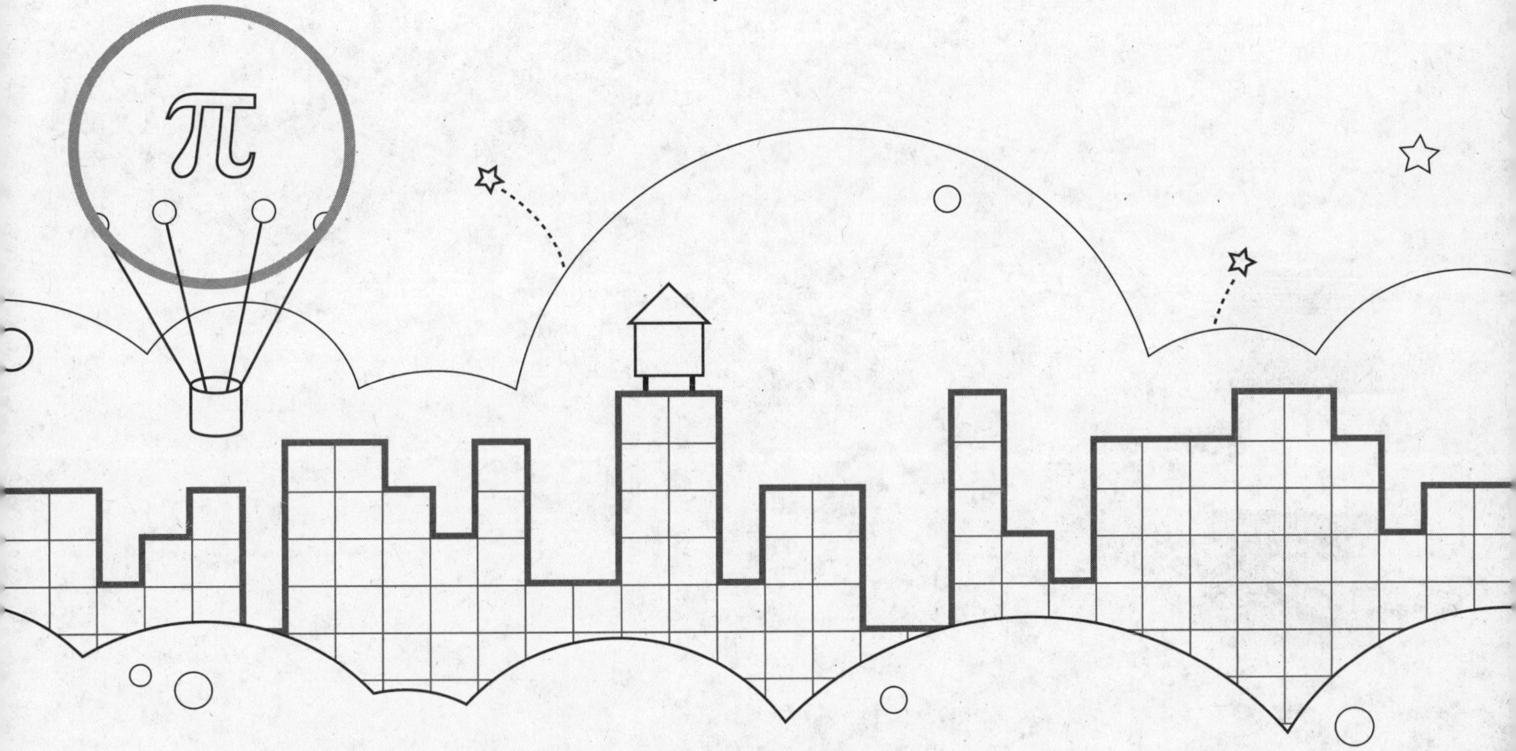

## Cuaderno de práctica

### Práctica adicional para cada lección

### Practice Workbook

Additional Practice for Every Lesson

PEARSON

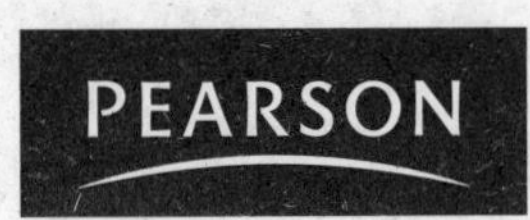

Boston, Massachusetts • Chandler, Arizona • Glenview, Illinois • Upper Saddle River, New Jersey

ISBN-13:  978-0-13-372239-0
ISBN-10:      0-13-372239-2

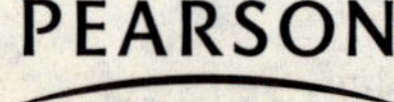

1 2 3 4 5 6 7 8 9 10      13 12 11 10 09

# Cuaderno de práctica

## *Contenido*

**To the Teacher:** Answers in English appear in the All-In-One Teaching Resources.


## Capítulo 1

Práctica 1-1 . . . . . . . . . . . . . . . . . . . . 1
Práctica 1-2 . . . . . . . . . . . . . . . . . . . . 2
Práctica 1-3 . . . . . . . . . . . . . . . . . . . . 3
Práctica 1-4 . . . . . . . . . . . . . . . . . . . . 4
Práctica 1-5 . . . . . . . . . . . . . . . . . . . . 5
Práctica 1-6 . . . . . . . . . . . . . . . . . . . . 6
Práctica 1-7 . . . . . . . . . . . . . . . . . . . . 7
Práctica 1-8 . . . . . . . . . . . . . . . . . . . . 8
Práctica 1-9 . . . . . . . . . . . . . . . . . . . . 9
Práctica 1-10 . . . . . . . . . . . . . . . . . . 10

## Capítulo 2

Práctica 2-1 . . . . . . . . . . . . . . . . . . 11
Práctica 2-2 . . . . . . . . . . . . . . . . . . 12
Práctica 2-3 . . . . . . . . . . . . . . . . . . 13
Práctica 2-4 . . . . . . . . . . . . . . . . . . 14
Práctica 2-5 . . . . . . . . . . . . . . . . . . 15
Práctica 2-6 . . . . . . . . . . . . . . . . . . 16
Práctica 2-7 . . . . . . . . . . . . . . . . . . 17
Práctica 2-8 . . . . . . . . . . . . . . . . . . 18

## Capítulo 3

Práctica 3-1 . . . . . . . . . . . . . . . . . . 19
Práctica 3-2 . . . . . . . . . . . . . . . . . . 20
Práctica 3-3 . . . . . . . . . . . . . . . . . . 21
Práctica 3-4 . . . . . . . . . . . . . . . . . . 22
Práctica 3-5 . . . . . . . . . . . . . . . . . . 23
Práctica 3-6 . . . . . . . . . . . . . . . . . . 24
Práctica 3-7 . . . . . . . . . . . . . . . . . . 25

## Capítulo 4

Práctica 4-1 . . . . . . . . . . . . . . . . . . 26
Práctica 4-2 . . . . . . . . . . . . . . . . . . 27
Práctica 4-3 . . . . . . . . . . . . . . . . . . 28
Práctica 4-4 . . . . . . . . . . . . . . . . . . 29
Práctica 4-5 . . . . . . . . . . . . . . . . . . 30
Práctica 4-6 . . . . . . . . . . . . . . . . . . 31
Práctica 4-7 . . . . . . . . . . . . . . . . . . 32
Práctica 4-8 . . . . . . . . . . . . . . . . . . 33
Práctica 4-9 . . . . . . . . . . . . . . . . . . 34

## Capítulo 5

Práctica 5-1 . . . . . . . . . . . . . . . . . . 35
Práctica 5-2 . . . . . . . . . . . . . . . . . . 36
Práctica 5-3 . . . . . . . . . . . . . . . . . . 37
Práctica 5-4 . . . . . . . . . . . . . . . . . . 38
Práctica 5-5 . . . . . . . . . . . . . . . . . . 39
Práctica 5-6 . . . . . . . . . . . . . . . . . . 40

## Capítulo 6

Práctica 6-1 . . . . . . . . . . . . . . . . . . 41
Práctica 6-2 . . . . . . . . . . . . . . . . . . 42
Práctica 6-3 . . . . . . . . . . . . . . . . . . 43
Práctica 6-4 . . . . . . . . . . . . . . . . . . 44
Práctica 6-5 . . . . . . . . . . . . . . . . . . 45
Práctica 6-6 . . . . . . . . . . . . . . . . . . 46
Práctica 6-7 . . . . . . . . . . . . . . . . . . 47
Práctica 6-8 . . . . . . . . . . . . . . . . . . 48

## Capítulo 7

Práctica 7-1 . . . . . . . . . . . . . . . . . . 49
Práctica 7-2 . . . . . . . . . . . . . . . . . . 50
Práctica 7-3 . . . . . . . . . . . . . . . . . . 51
Práctica 7-4 . . . . . . . . . . . . . . . . . . 52
Práctica 7-5 . . . . . . . . . . . . . . . . . . 53
Práctica 7-6 . . . . . . . . . . . . . . . . . . 54
Práctica 7-7 . . . . . . . . . . . . . . . . . . 55
Práctica 7-8 . . . . . . . . . . . . . . . . . . 56

# Contenido (cont.)


## Capítulo 8

Práctica 8-1 . . . . . . . . . . . . . . . . . . . . 57
Práctica 8-2 . . . . . . . . . . . . . . . . . . . . 58
Práctica 8-3 . . . . . . . . . . . . . . . . . . . . 59
Práctica 8-4 . . . . . . . . . . . . . . . . . . . . 60
Práctica 8-5 . . . . . . . . . . . . . . . . . . . . 61
Práctica 8-6 . . . . . . . . . . . . . . . . . . . . 62
Práctica 8-7 . . . . . . . . . . . . . . . . . . . . 63
Práctica 8-8 . . . . . . . . . . . . . . . . . . . . 64
Práctica 8-9 . . . . . . . . . . . . . . . . . . . . 65
Práctica 8-10 . . . . . . . . . . . . . . . . . . . . 66

## Capítulo 9

Práctica 9-1 . . . . . . . . . . . . . . . . . . . . 67
Práctica 9-2 . . . . . . . . . . . . . . . . . . . . 68
Práctica 9-3 . . . . . . . . . . . . . . . . . . . . 69
Práctica 9-4 . . . . . . . . . . . . . . . . . . . . 70
Práctica 9-5 . . . . . . . . . . . . . . . . . . . . 71
Práctica 9-6 . . . . . . . . . . . . . . . . . . . . 72
Práctica 9-7 . . . . . . . . . . . . . . . . . . . . 73
Práctica 9-8 . . . . . . . . . . . . . . . . . . . . 74

## Capítulo 10

Práctica 10-1 . . . . . . . . . . . . . . . . . . . . 75
Práctica 10-2 . . . . . . . . . . . . . . . . . . . . 76
Práctica 10-3 . . . . . . . . . . . . . . . . . . . . 77
Práctica 10-4 . . . . . . . . . . . . . . . . . . . . 78
Práctica 10-5 . . . . . . . . . . . . . . . . . . . . 79
Práctica 10-6 . . . . . . . . . . . . . . . . . . . . 80
Práctica 10-7 . . . . . . . . . . . . . . . . . . . . 81

## Capítulo 11

Práctica 11-1 . . . . . . . . . . . . . . . . . . . . 82
Práctica 11-2 . . . . . . . . . . . . . . . . . . . . 83
Práctica 11-3 . . . . . . . . . . . . . . . . . . . . 84
Práctica 11-4 . . . . . . . . . . . . . . . . . . . . 85
Práctica 11-5 . . . . . . . . . . . . . . . . . . . . 86
Práctica 11-6 . . . . . . . . . . . . . . . . . . . . 87
Práctica 11-7 . . . . . . . . . . . . . . . . . . . . 88

## Capítulo 12

Práctica 12-1 . . . . . . . . . . . . . . . . . . . . 89
Práctica 12-2 . . . . . . . . . . . . . . . . . . . . 90
Práctica 12-3 . . . . . . . . . . . . . . . . . . . . 91
Práctica 12-4 . . . . . . . . . . . . . . . . . . . . 92
Práctica 12-5 . . . . . . . . . . . . . . . . . . . . 93
Práctica 12-6 . . . . . . . . . . . . . . . . . . . . 94

Nombre _________________________ Clase _________________ Fecha _____________

# Práctica 1-1

**Usar estrategias de estimación**

**Redondea para estimar la cantidad que más se aproxima a medio dólar.**

**1.**  $4.85
     + 1.47

**2.**  $6.79
     − 3.95

**3.**  $14.19
     + 5.59

**4.**  $25.43
     − 21.20

_______________  _______________  _______________  _______________

**Estima por la izquierda para resolver cada suma.**

**5.** $4.76 + 6.15$

**6.** $1.409 + 3.512$

**7.** $2.479 + 6.518$

**8.** $3.17 + 2.72$

**9.** $9.87 + 2.16$

**10.** $5.89 + 7.21$

**Usa números compatibles para estimar cada cociente.**

**11.** $76.32 \div 24.98$

**12.** $42.693 \div 4.7$

**13.** $54.36 \div 11.001$

**Usa cualquier estrategia de estimación para calcular cada operación. Indica qué estrategia usaste.**

**14.** $66.93 + $72.18 + $69.18 + $71.94 + $65.75

**15.** $93.26 - 69.78$

**16.** $51.12 \times 87.906$

**17.** $457.03 + 592.8$

**18.** $702 \div 61$

**19.** $12.87 + 14.31 + 15.09$

**20.** $536 \div 41$

**Calcula cada estimación.**

**21.** Una lata de 0.44 onzas de una trufa poco común se vendió una vez a $13.20. ¿Cuánto costaría aproximadamente 1 libra de esta trufa?

**22.** La longitud de la barra de pan más larga era de 1,405 pies $1\frac{3}{4}$ pulgadas. Se cortó en rebanadas de $\frac{1}{2}$ pulgada de ancho. ¿Cuántas rebanadas había?

# Práctica 1-2
**Sumar y restar decimales**

**Identifica cada una de las propiedades que se muestran a continuación.**

**1.** $(8.7 + 6.3) + 3.7 = 8.7 + (6.3 + 3.7)$

**2.** $9.06 + 0 = 9.06$

**3.** $4.06 + 8.92 = 8.92 + 4.06$

**4.** $0 + 7.13 = 7.13 + 0$

**Resuelve cada suma.**

**5.** $4.6 + 8.79$

**6.** $14.8 + 29.07$

**7.** $20.16 + 15.703$

**8.** $36.12 + 5.793$

**9.** $8.9 + 2.14 + 7.1$

**10.** $3.6 + 5.27 + 8.93$

**11.** $107.5 + 6$

**12.** $15.26 + 13.29 + 38.96$

**13.** $46.21 + 53.942$

**Resuelve cada resta.**

**14.** $8.7 - 2.03$

**15.** $53.86 - 4.02$

**16.** $14.59 - 8.3$

**17.** $42.75 - 26.36$

**18.** $53.86 - 16.47$

**19.** $56.89 - 48.91$

**20.** $5.06 - 3.297$

**21.** $3.4 - 2.768$

**22.** $5.002 - 4.3$

**Usa el aviso que aparece a la derecha. Calcula los costos.**

**23.** 1 huevo _______  **24.** pan tostado _______

**25.** tocino _______  **26.** leche _______

**27.** 1 huevo y leche _______

**28.** 1 huevo y tocino _______

| | |
|---|---|
| 2 huevos, pan tostado, tocino, leche | $2.75 |
| 1 huevo, pan tostado, tocino, leche | $2.20 |
| pan tostado, leche | $.90 |
| pan tostado, tocino, leche | $1.65 |
| 1 huevo, pan tostado | $.95 |

# Práctica 1-3

**Multiplicar decimales**

**Resuelve cada multiplicación.**

**1.** $28 \times 6$

**2.** $7.3 \cdot 0.9$

**3.** $58 \cdot 2.1$

**4.** $15(187)$

**5.** $6.6 \times 25$

**6.** $(1.8)(0.7)$

**7.** $0.91 \cdot 2.7$

**8.** $4.6(3.9)$

**9.** $17.3 \times 15.23$

**10.** $2.33(3.56)$

**11.** $12.15 \times 19$

**12.** $481.51 \times 623.42$

**Vuelve a escribir las siguientes ecuaciones con el punto decimal en el lugar correcto del resultado de la multiplicación.**

**13.** $5.6 \times 1.2 = 672$

**14.** $3.7 \times 2.4 = 888$

**15.** $6.5 \times 2.5 = 1625$

**16.** $1.02 \times 6.9 = 7038$

**17.** $4.4 \times 6.51 = 28644$

**18.** $0.6 \times 9.312 = 55872$

**Nombra la propiedad multiplicativa que se muestra a continuación.**

**19.** $3 \times 4 = 4 \times 3$

**20.** $9 \times (6 \times 3) = (9 \times 6) \times 3$

**21.** $2 \times 0 = 0$

**22.** $10 \times 1 = 10$

**Resuelve.**

**23.** Cada paseo en un juego del carnaval cuesta $1.25. Si Tara toma 4 paseos, ¿cuánto le costará?

**24.** Los sellos postales cuestan $0.37 cada uno. ¿Cuánto costará una planilla de 50 sellos?

# Práctica 1-4 **Dividir decimales**

**Resuelve cada división.**

**1.** $0.7 \div 100$   **2.** $4.85 \div 0.1$   **3.** $7.08 \div 10$   **4.** $3.5 \div 0.1$

**5.** $847 \div 0.01$   **6.** $0.3 \div 0.1$   **7.** $32.6 \div 0.01$   **8.** $5.02 \div 0.1$

**9.** $2.1\overline{)12.6}$   **10.** $29.75 \div 0.7$   **11.** $37 \div 0.2$   **12.** $4.74 \div 0.06$

**13.** $1.414 \div 1.4$   **14.** $0.78\overline{)0.16614}$   **15.** $0.154 \div 5.5$   **16.** $0.85\overline{)0.0527}$

**Agrega ceros para resolver cada división.**

**17.** $29.2 \div 2.3$   **18.** $9.24\overline{)42.1}$   **19.** $48.24 \div 2.22$

**20.** $36.78 \div 2.4$   **21.** $\dfrac{126.24}{12.6}$   **22.** $4.2\overline{)188.6}$

**Resuelve.**

**23.** Alicia pagó \$1.32 por una bolsa de frijoles pintos. Los frijoles cuestan \$.55 por libra. ¿Cuáno pesaba la bolsa de frijoles pintos?

**24.** Nina y 3 amigos almorzaron en una cafetería. Decidieron dividir la cuenta en partes iguales. El total de la cuenta era de \$17.84. ¿Cuánto pagó cada uno?

# Práctica 1-5

**Medir en unidades métricas**

**Elige una estimación razonable.**

| | | | |
|---|---|---|---|
| **1.** longitud de una calculadora | 18 m | 18 cm | 18 mm |
| **2.** longitud de un campo de fútbol | 100 km | 100 m | 100 cm |
| **3.** grosor de un libro en rústica | 25 km | 25 m | 25 mm |
| **4.** capacidad de una botella de champú | 250 ml | 250 L | 250 kL |

**Completa cada enunciado. Usa una recta numérica si es necesario.**

**5.** 0.7 km = __________ m   **6.** __________ L = 40 ml   **7.** 83 m = __________ mm

**8.** 9,500 m = __________ km   **9.** 8 g = __________ kg   **10.** __________ m = 800 km

**Cambia cada medida a la unidad que se indica.**

**11.** 43 km 14 m a kilómetros _______________________________

**12.** 84 m 15 cm a centímetros _______________________________

**13.** 9 kg 421 g a kilogramos _______________________________

**14.** 14 L 7 ml a litros _______________________________

**Escribe la unidad métrica que hace que cada expresión sea verdadera.**

**15.** 9,850 kg = 9.85 __________    **16.** 87.43 m = 8,743 __________

**17.** 10,542 ml = 10.542 __________    **18.** 8.42 mm = 0.842 __________

**19.** 2,347 m = 2.347 __________    **20.** 0.356 m = 356 __________

**Resuelve.**

**21.** La capacidad de un vaso de precipitados es de 150 ml. ¿Cuántos vasos se pueden llenar a partir de un recipiente de 4 L?

_______________________________

**22.** La vitamina C viene en píldoras con una concentración de 500 mg. ¿Cuántas píldoras necesitarías tomar si quisieras tomar una dosis de un gramo?

_______________________________

**23.** Tu maestro de ciencias mezcla el contenido de dos vasos de precipitados de 2.5 L y 800 ml de un líquido. ¿Cuánto da la cantidad combinada?

_______________________________

**24.** Una cucharadita de sal común de mesa contiene cerca de 2,000 mg de sodio. ¿Cuántos gramos de sodio representa esa cantidad?

_______________________________

# Práctica 1-6

**Comparar y ordenar enteros**

**Indica el número entero que representa cada punto de la recta numérica.**

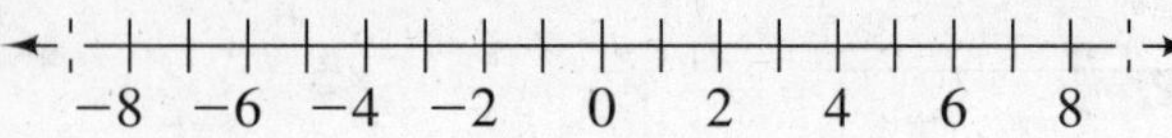

**1.** $A$ ____ **2.** $B$ ____ **3.** $C$ ____ **4.** $D$ ____ **5.** $E$ ____ **6.** $F$ ____

**Compara. Usa <, > ó =.**

**7.** $-8$ ☐ $8$ **8.** $4$ ☐ $-4$ **9.** $|5|$ ☐ $|-5|$ **10.** $-8$ ☐ $0$

**11.** $-6$ ☐ $-2$ **12.** $-1$ ☐ $-3$ **13.** $|-4|$ ☐ $0$ **14.** $|-3|$ ☐ $2$

**Escribe cada número entero y su opuesto sobre la recta numérica.**

**15.** $-9$

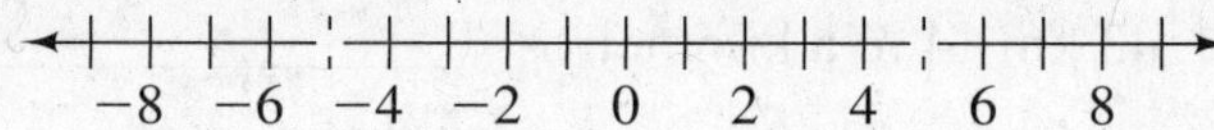

**16.** $5$

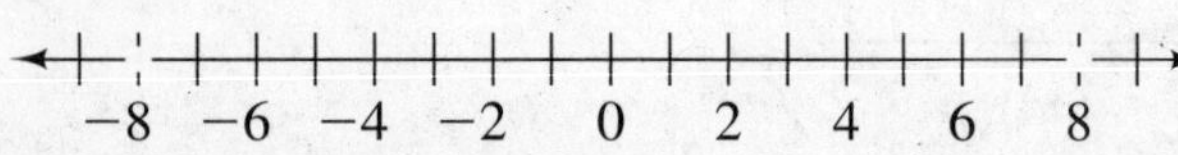

**17.** $8$

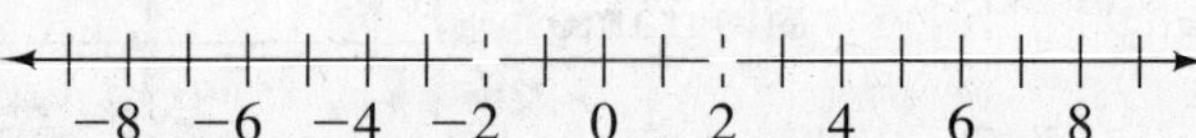

**18.** $-2$

**Halla los valores absolutos.**

**19.** $|2|$ **20.** $|-3|$ **21.** $|-38|$ **22.** $|-2 + 5|$

_________ _________ _________ _________

**23.** $|-44|$ **24.** $|5 + 2|$ **25.** $|-16|$ **26.** $|3 - 7|$

_________ _________ _________ _________

**Escribe un número entero para representar cada situación.**

**27.** 5 yardas de ventaja **28.** una deuda de $5

_________ _________

**29.** una temperatura de 100 °F **30.** 135 pies bajo el nivel del mar

_________ _________

# Práctica 1-7

**Sumar y restar enteros**

**Resuelve cada suma.**

**1.** $-2 + (-3)$     **2.** $8 - 7 + 4$     **3.** $8 + (-5)$     **4.** $15 + (-3)$

**5.** $-16 + 8$     **6.** $7 + (-10)$     **7.** $-9 + (-5)$     **8.** $-12 + 14$

**Resuelve cada resta.**

**9.** $9 - 26$     **10.** $-4 - 15$     **11.** $21 - (-7)$     **12.** $27 - (-16)$

**13.** $-16 - (-43)$     **14.** $47 - 19$     **15.** $-156 - 98$     **16.** $-192 - 47$

**17.** $0 - (-51)$     **18.** $-63 - 89$     **19.** $-12 - (-21)$     **20.** $92 - (-16)$

**Calcula el valor de cada expresión.**

**21.** $3 + 8 + (-4)$     **22.** $2 + |-3| + (-3)$     **23.** $9 + 7 - 6$

**24.** $56 + (-4) + (-58)$     **25.** $-4 - 3 + (-2)$     **26.** $|-8| - 15 + (-8)$

**Usa <, > ó = para completar cada enunciado.**

**27.** $-9 - (-11)$ ☐ $0$     **28.** $-17 + 20$ ☐ $0$     **29.** $11 - (-4)$ ☐ $0$

**30.** $28 - 19$ ☐ $0$     **31.** $52 + (-65)$ ☐ $0$     **32.** $-28 - (-28)$ ☐ $0$

**Resuelve.**

**33.** Las temperaturas máxima y mínima registradas en África fueron de 136 °F y $-11$ °F. La temperatura máxima se registró en Libia y la mínima en Marruecos. ¿Cuál es la diferencia entre estos valores extremos de temperatura?

**34.** Las temperaturas máxima y mínima registradas en Sudamérica fueron de 120 °F y $-27$ °F. Ambas se registraron en Argentina. ¿Cuál es la diferencia entre estos valores extremos de temperatura?

# Práctica 1-8

**Multiplicar y dividir enteros**

**Completa los siguientes enunciados. Luego, escribe dos ejemplos para ilustrar cada relación.**

**1.** positivo ÷ positivo = ?

_________________________

**2.** negativo · positivo = ?

_________________________

**3.** positivo · positivo = ?

_________________________

**4.** negativo ÷ negativo = ?

_________________________

**5.** negativo ÷ positivo = ?

_________________________

**6.** positivo · positivo = ?

_________________________

**7.** positivo ÷ negativo = ?

_________________________

**8.** negativo · negativo = ?

_________________________

**Estima cada multiplicación o división.**

**9.** $-72 \cdot 57$

**10.** $-92 \cdot (-41)$

**11.** $-476 \div 90$

**12.** $-83 \cdot 52$

**13.** $538 \div (-63)$

**14.** $-803 \cdot (-106)$

**15.** $49 \cdot 61$

**16.** $479 \div (-61)$

**Resuelve cada multiplicación o división.**

**17.** $\dfrac{-36}{9}$

**18.** $\dfrac{-52}{-4}$

**19.** $(-5) \cdot (-20)$

**20.** $\dfrac{-63}{-9}$

**21.** $(-15) \cdot (2)$

**22.** $\dfrac{22}{-2}$

**23.** $(13) \cdot (-6)$

**24.** $\dfrac{-100}{-5}$

**25.** $(-60) \cdot (-3)$

**26.** $\dfrac{-240}{30}$

**27.** $(43) \cdot (-8)$

**28.** $\dfrac{-169}{-13}$

# Práctica 1-9

**Orden de las operaciones y propiedad distributiva**

**Halla el valor de cada expresión.**

**1.** $(8 + 2) \times 9$

**2.** $5 - 1 \div 4$

**3.** $(6 + 3) \div 18$

**4.** $80 - 6 \times 7$

**5.** $4 \times 6 + 3$

**6.** $4 \times (6 + 3)$

**7.** $35 - 6 \times 5$

**8.** $9 \div 3 + 6$

**Halla los números que faltan. Luego, simplifica.**

**9.** $5(9 + 6) = 5 (\underline{\ ?\ }) + 5 (\underline{\ ?\ })$

**10.** $4(9.7 - 8.1) = \underline{\ ?\ }(9.7) - \underline{\ ?\ }(8.1)$

**11.** $\underline{\ ?\ }(3.8) = 9(4) - 9(\underline{\ ?\ })$

**12.** $\underline{\ ?\ }(17.1 + 12.6) = 6(17.1) + 6(12.6)$

**Resuelve cada multiplicación mentalmente por medio de la propiedad distributiva.**

**13.** $3(6.4)$

**14.** $5(7.1)$

**15.** $5(8.9)$

**16.** $4(9.2)$

**17.** $9(11.1)$

**18.** $7(8.9)$

**Copia y coloca paréntesis para hacer que cada expresión sea verdadera.**

**19.** $6 + 6 \div 6 \times 6 + 6 = 24$

**20.** $6 \times 6 + 6 \times 6 - 6 = 426$

**21.** $6 + 6 \div 6 \times 6 - 6 = 0$

**22.** $6 - 6 \times 6 + 6 \div 6 = 1$

**23.** Un patio mide 80 pies $\times$ 125 pies. En una de sus esquinas se siembra un jardín. El jardín mide 15 pies $\times$ 22 pies. ¿Qué parte del patio *no* pertenece al jardín?

# Práctica 2-8

Notación científica

**Escribe cada número en notación científica.**

**1.** 73,000,000     **2.** 4,300     **3.** 510     **4.** 56,870

**5.** 68,900     **6.** 98,000,000,000     **7.** 4,890,000     **8.** 38

**9.** 120,000     **10.** 543,000     **11.** 27     **12.** 54,000

**Escribe en la forma normal.**

**13.** $5.7 \times 10^6$     **14.** $2.45 \times 10^8$     **15.** $4.706 \times 10^{11}$

**16.** $8 \times 10^1$     **17.** $7.2 \times 10^3$     **18.** $1.63 \times 10^{12}$

**19.** $8.03 \times 10^{14}$     **20.** $3.26 \times 10^4$     **21.** $5.179 \times 10^5$

**Escribe cada número en notación científica.**

**22.** Un tipo de ascáride puede poner 200,000 huevos al día.

**23.** La nariz de un perro pastor alemán tiene unos 220 millones de células que sirven para captar los olores.

**26.** El cerebro contiene unos 100 trillones de conexiones nerviosas.

**27.** Durante una vida promedio, el corazón humano late unos 2,800,000,000 veces.

**28.** El volumen de agua contenida en la presa Grand Coulee es de unos 10.6 millones de yardas cúbicas.

**29.** Un segundo se ha definido como el tiempo que tarda un átomo de un determinado metal en vibrar 9,192,631,770 veces.

# Práctica 1-10

**Media, mediana, moda y rango**

**La suma de la estatura de todos los estudiantes de una clase es de 1,472 pulg.**

**1.** La estatura media es de 5 pies 4 pulg. ¿Cuántos estudiantes hay en la clase? (1 pie = 12 pulg)

_______________________________________________

**2.** **a.** La estatura media es de 5 pies 2 pulg. ¿Cuántos estudiantes miden 5 pies 2 pulg o más?

_______________________________________

   **b.** ¿Cuántos estudiantes miden menos de 5 pies 2 pulg?

_______________________________________

**En la tabla de conteo de la derecha aparece el número de páginas que los estudiantes de historia leyeron la semana pasada (redondeado al múltiplo de 50 más cercano).**

**3.** Calcula la media, la mediana, la moda y el rango de los datos.

_______________________________________________

| Páginas | Conteo |
|---|---|
| 50 | I |
| 100 | |
| 150 | II |
| 200 | THH |
| 250 | I |
| 300 | IIII |
| 350 | III |
| 400 | IIII |
| 450 | I |
| 500 | I |

**4.** ¿Cuál es el valor extremo de este grupo de datos?

_______________________________

**5.** ¿Aumenta o disminuye la media el valor extremo?

_______________________________

**Un estudiante espera tener un promedio de 9 puntos en sus pruebas de matemáticas. Sus calificaciones en las pruebas son 7, 6, 10, 8 y 9. Cada prueba vale 12 puntos.**

**6.** ¿Cuál es la calificación promedio de las pruebas? _______________________

**7.** Hay dos pruebas más. ¿Cuántos puntos más serán necesarios para lograr un promedio de 9 puntos en las pruebas? _______________________

**Calcula la media, la mediana, la moda y el rango de cada situación.**

**8.** el número de millas que se recorrió en bicicleta en una semana
21, 17, 15, 18, 22, 16, 20 _______________________

**9.** el número de ponchazos por cada entrada en un partido de béisbol
3, 2, 0, 0, 1, 2, 3, 0, 2 _______________________

# Práctica 2-1

**Exponentes y orden de las operaciones**

**Escribe cada expresión usando exponentes.**

**1.** $3 \times 3 \times 3 \times 3 \times 3$ _____________

**2.** $2.7 \times 2.7 \times 2.7$ _____________

**3.** $11.6 \times 11.6 \times 11.6 \times 11.6$ _____________

**4.** $2 \times 2 \times 2 \times 2 \times 2 \times 2$ _____________

**5.** $8.3 \times 8.3 \times 8.3 \times 8.3 \times 8.3$ _____________

**6.** $4 \times 4 \times 4 \times 4 \times 4 \times 4 \times 4 \times 4$ _____________

**Escribe cada expresión como producto de factores repetidos. Luego, simplifica.**

**7.** $(0.5)^3$ _________________________________________

**8.** $(-4)^5$ _________________________________________

**9.** $(2.7)^2$ _________________________________________

**10.** $2^3$ _________________________________________

**11.** $(-5)^6$ _________________________________________

**12.** $(8.1)^3$ _________________________________________

**Simplifica. Usa una calculadora, papel y lápiz o el cálculo mental.**

**13.** $-4^3$

**14.** $11 + (-6^3)$

**15.** $14 + 16^2$

**16.** $8 + 6^4$

**17.** $3^2 \cdot 5^4$

**18.** $6^2 - 2^4$

**19.** $4(0.9 + 1.3)^3$

**20.** $35 - (4^2 + 5)$

**21.** $(3^3 + 6) - 7$

**22.** $5(0.3 \cdot 1.2)^2$

**23.** $5(4 + 2)^2$

**24.** $(8 - 6.7)^3$

**25.** El volumen de un acuario es de aproximadamente $4.3^3$ pies$^3$. Halla el volumen del acuario.

_________________________________________

**26.** Lana es $2^3$ pulg más alta que su hermana menor. ¿Cuántas pulgadas es Lana más alta que su hermana?

_________________________________________

# Práctica 2-2

Descomposición en factores primos

**Calcula el mcm de cada par de números.**

**1.** 11, 5 __________   **2.** 5, 12 __________   **3.** 12, 7 __________

**4.** 5, 9 __________   **5.** 5, 18 __________   **6.** 5, 20 __________

**7.** 7, 10 __________   **8.** 17, 13 __________   **9.** 14, 8 __________

**10.** 11, 23 __________   **11.** 14, 5 __________   **12.** 16, 9 __________

**13.** Cameron está haciendo collares de cuentas. Tiene 90 cuentas verdes y 108 cuentas azules. ¿Cuál es la mayor cantidad de collares idénticos que puede hacer si quiere usar todas las cuentas?

__________________________

**14.** Una estación de radio transmite un pronóstico del tiempo cada 18 minutos y otra estación transmite un anuncio comercial cada 15 minutos. Si ambas estaciones transmiten un pronóstico meteorológico y un anuncio comercial a mediodía, ¿a qué hora volverán a transmitir ambos al mismo tiempo?

__________________________

**Indica si cada uno de estos números es primo o compuesto.**

**15.** 97 __________   **16.** 63 __________   **17.** 29 __________   **18.** 120 __________

**Halla la descomposición en factores primos. Usa exponentes siempre que puedas.**

**19.** 42 __________   **20.** 130 __________

**21.** 78 __________   **22.** 126 __________

**23.** 125 __________   **24.** 90 __________

**25.** 92 __________   **26.** 180 __________

**Halla el MCD de cada par de números.**

**27.** 45, 60 __________   **28.** 18, 42 __________   **29.** 32, 80 __________

**30.** 20, 65 __________   **31.** 24, 90 __________   **32.** 17, 34 __________

**33.** 14, 35 __________   **34.** 51, 27 __________   **35.** 42, 63 __________

Nombre _______________________________   Clase _______________   Fecha _______________

# Práctica 2-3

**Simplificar fracciones**

**Escribe cada fracción en su mínima expresión.**

**1.** $\frac{8}{12}$ __________    **2.** $\frac{9}{15}$ __________    **3.** $\frac{16}{20}$ __________    **4.** $\frac{20}{25}$ __________

**5.** $\frac{15}{18}$ __________    **6.** $\frac{14}{30}$ __________    **7.** $\frac{11}{44}$ __________    **8.** $\frac{24}{36}$ __________

**Escribe cada fracción en su mínima expresión. Indica el MCD del numerador y el denominador.**

**9.** $\frac{125}{200}$ _____ MCD = _____    **10.** $\frac{36}{64}$ _____ MCD = _____    **11.** $\frac{65}{90}$ _____ MCD = _____

**12.** $\frac{45}{72}$ _____ MCD = _____    **13.** $\frac{35}{85}$ _____ MCD = _____    **14.** $\frac{30}{42}$ _____ MCD = _____

**Resuelve.**

**15.** Emily hizo ejercicio desde las 4:05 p.m. hasta las 4:32 p.m.
¿Durante qué fracción de una hora hizo ejercicio Emily? Escribe
la fracción en su mínima expresión. _______________

**16.** Luis anduvo en bicicleta después de la escuela durante 48 minutos.
¿Durante qué fracción de una hora anduvo en bicicleta? Escribe la
fracción en su mínima expresión. _______________

**17.** Philip jugó con los videojuegos durante 55 minutos antes de
cenar. ¿Durante qué fracción de una hora estuvo jugando? _______________

**18.** ¿Qué porción de una hora ocupa el tiempo que te dan para el
almuerzo en tu escuela?

_______________________________________________

**19.** Haz una encuesta con 12 personas para averiguar su tipo favorito
de pizza entre las opciones siguientes. Escribe los resultados en
forma de fracciones. Luego, pinta las porciones de pizza de
diferentes colores para indicar sus preferencias.

**Pizzas favoritas**

De queso _______________________________________

De pimiento verde _______________________________

De aceitunas ____________________________________

De champiñones

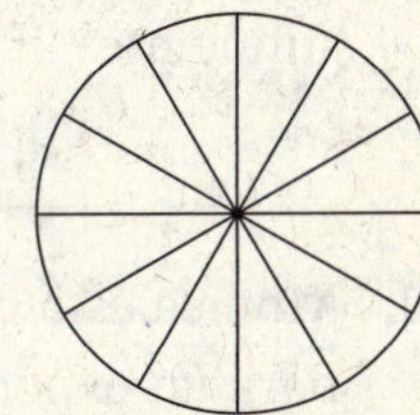

# Práctica 2-4

Comparar y ordenar fracciones

**Escribe las dos fracciones que se corresponden con estos modelos y compáralas con <, > ó =.**

1. 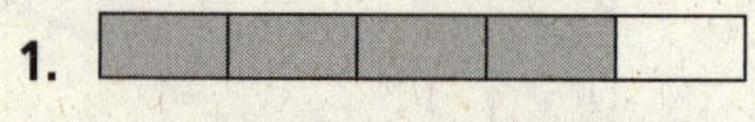

_______________

2. 

_______________

3. 

_______________

**Calcula el mcd de cada par de fracciones.**

4. $\frac{5}{8}, \frac{5}{6}$ _______________

5. $\frac{5}{12}, \frac{7}{8}$ _______________

6. $\frac{9}{10}, \frac{1}{2}$ _______________

7. $\frac{1}{6}, \frac{3}{10}$ _______________

8. $\frac{1}{4}, \frac{2}{15}$ _______________

9. $\frac{5}{6}, \frac{8}{15}$ _______________

**Compara cada par de fracciones. Usa <, > ó =.**

10. $\frac{7}{8} \;\square\; \frac{3}{10}$

11. $\frac{6}{12} \;\square\; \frac{4}{8}$

12. $\frac{7}{15} \;\square\; \frac{11}{15}$

13. $\frac{4}{5} \;\square\; \frac{6}{10}$

14. $\frac{8}{15} \;\square\; \frac{1}{2}$

15. $\frac{10}{15} \;\square\; \frac{8}{12}$

16. $\frac{4}{9} \;\square\; \frac{7}{9}$

17. $\frac{1}{2} \;\square\; \frac{11}{20}$

18. $\frac{7}{16} \;\square\; \frac{1}{2}$

**Ordena de menor a mayor.**

19. $\frac{1}{4}, \frac{1}{3}, \frac{1}{6}$ _______________

20. $\frac{1}{2}, \frac{5}{6}, \frac{7}{8}$ _______________

21. $\frac{1}{4}, \frac{2}{5}, \frac{3}{8}$ _______________

22. $\frac{7}{8}, \frac{5}{9}, \frac{2}{3}$ _______________

23. $\frac{3}{8}, \frac{5}{6}, \frac{1}{2}$ _______________

24. $\frac{9}{10}, \frac{11}{12}, \frac{15}{16}$ _______________

25. $\frac{3}{4}, \frac{1}{2}, \frac{7}{8}$ _______________

26. $\frac{5}{9}, \frac{2}{3}, \frac{7}{12}$ _______________

27. $\frac{15}{16}, \frac{7}{8}, \frac{1}{2}$ _______________

**Resuelve.**

28. Un diseño requiere un dobladillo de al menos $\frac{5}{8}$ de pulg. Raquel cosió un dobladillo de $\frac{1}{2}$ pulg de ancho. ¿Es este ancho suficiente? Explica tu respuesta.

_______________

29. Marc necesita $\frac{3}{4}$ de taza de leche para una receta. Tiene $\frac{2}{3}$ de taza. ¿Le alcanza con eso? Explica tu respuesta.

_______________

30. Mónica está cultivando tres plantas de frijoles para un experimento científico. La planta A mide $\frac{1}{2}$ pulg de altura. La planta B mide $\frac{3}{4}$ de pulg. La planta C mide $\frac{3}{8}$ de pulg. Ordena las plantas de la más baja a la más alta.

_______________

31. Durante una tormenta cayeron $\frac{7}{16}$ de pulg de lluvia en Willow y $\frac{5}{8}$ de pulg en Riverton. ¿Dónde llovió más?

_______________

Nombre _________________________ Clase _____________ Fecha _____________

# Práctica 2-5



**1.** Escribe un número mixto y una fracción impropia para el siguiente modelo.

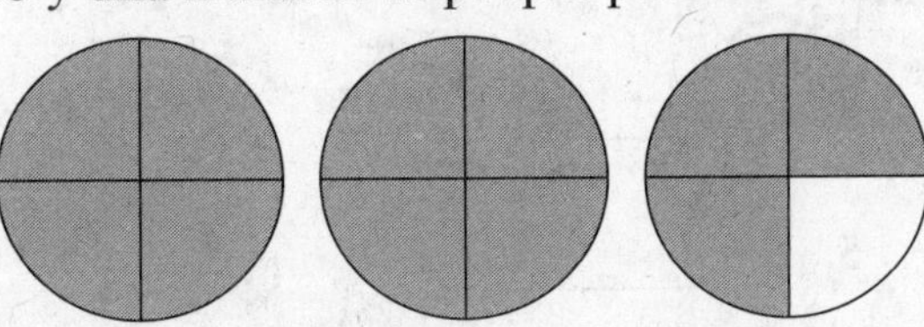

_____________

**Expresa cada número mixto como fracción impropia.**

**2.** $2\frac{3}{8}$ _____________

**3.** $5\frac{1}{3}$ _____________

**4.** $1\frac{7}{10}$ _____________

**5.** $4\frac{5}{8}$ _____________

**6.** $3\frac{5}{12}$ _____________

**7.** $1\frac{15}{16}$ _____________

**Escribe cada fracción impropia como número mixto en su mínima expresión.**

**8.** $\frac{25}{3}$ _____________

**9.** $\frac{42}{7}$ _____________

**10.** $\frac{18}{4}$ _____________

**11.** $\frac{27}{12}$ _____________

**12.** $\frac{11}{6}$ _____________

**13.** $\frac{20}{3}$ _____________

**14.** $\frac{125}{5}$ _____________

**15.** $\frac{34}{7}$ _____________

**16.** $\frac{40}{6}$ _____________

**La distancia alrededor del interior de un centro comercial mide $\frac{12}{16}$ de milla.**

**17.** Juan corrió 4 vueltas alrededor del centro comercial. ¿Qué distancia recorrió?

_____________________

**18.** Aaron caminó 3 vueltas alrededor del centro comercial. ¿Qué distancia recorrió?

_____________________

**La distancia alrededor de una pista de carreras cubierta mide $\frac{1}{6}$ de milla.**

**19.** Aruna corrió 16 vueltas a la pista. ¿Qué distancia recorrió?

_____________________

**20.** Theresa caminó 22 vueltas a la pista. ¿Qué distancia recorrió?

_____________________

**21.** Sombrea las siguientes figuras para representar $3\frac{5}{8}$. ¿Cuántos octavos sombreaste?

_____________________

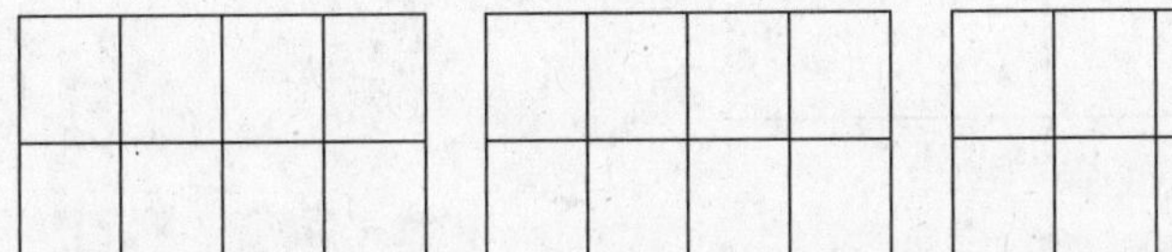
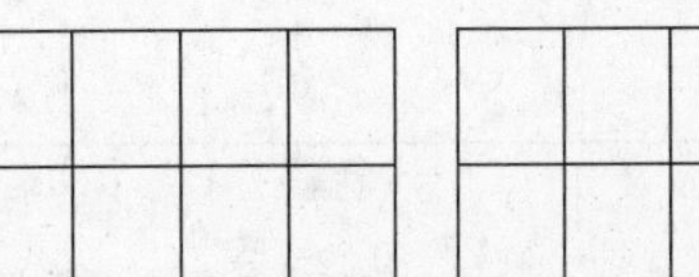

# Práctica 2-6

**Fracciones y decimales**

**Escribe cada fracción como decimal.**

**1.** $\frac{3}{5}$ _____________

**2.** $\frac{7}{8}$ _____________

**3.** $\frac{7}{9}$ _____________

**4.** $\frac{5}{16}$ _____________

**5.** $\frac{1}{6}$ _____________

**6.** $\frac{5}{8}$ _____________

**7.** $\frac{1}{3}$ _____________

**8.** $\frac{2}{3}$ _____________

**9.** $\frac{9}{10}$ _____________

**10.** $\frac{7}{11}$ _____________

**11.** $\frac{9}{20}$ _____________

**12.** $\frac{3}{4}$ _____________

**13.** $\frac{4}{9}$ _____________

**14.** $\frac{9}{11}$ _____________

**15.** $\frac{11}{20}$ _____________

**Escribe cada decimal como número mixto o fracción en su mínima expresión.**

**16.** 0.6 _____________

**17.** 0.45 _____________

**18.** 0.62 _____________

**19.** 0.8 _____________

**20.** 0.325 _____________

**21.** 0.725 _____________

**22.** 4.75 _____________

**23.** 0.33 _____________

**24.** 0.925 _____________

**25.** 3.8 _____________

**26.** 4.7 _____________

**27.** 0.05 _____________

**28.** 0.65 _____________

**29.** 0.855 _____________

**30.** 0.104 _____________

**31.** 0.47 _____________

**32.** 0.894 _____________

**33.** 0.276 _____________

**Ordena de menor a mayor.**

**34.** $0.\overline{2}, \frac{1}{5}, 0.02$

**35.** $1.\overline{1}, 1\frac{1}{10}, 1.101$

_____________

_____________

**36.** $\frac{6}{5}, 1\frac{5}{6}, 1.\overline{3}$

**37.** $4.\overline{3}, \frac{9}{2}, 4\frac{3}{7}$

_____________

_____________

**38.** Se le pidió a un grupo de gimnastas que indicaran su pieza de equipo favorita. 0.33 de ellos eligieron la garrocha, $\frac{4}{9}$ eligieron la jabalina y $\frac{1}{7}$ eligieron las barras paralelas desiguales. Enumera sus preferencias de mayor a menor.

_____________________________________________

# Práctica 2-7

**Números racionales**

**Compara. Usa <, > ó =.**

**1.** $-\frac{2}{9}$ ☐ $-\frac{4}{9}$

**2.** $-\frac{1}{6}$ ☐ $-\frac{2}{3}$

**3.** $-\frac{5}{12}$ ☐ $-\frac{3}{4}$

**4.** $-1.2$ ☐ $-2.1$

**5.** $-0.6$ ☐ $-0.52$

**6.** $-1.23$ ☐ $-1.25$

**7.** $-5.3$ ☐ $-5.\overline{3}$

**8.** $-3\frac{1}{4}$ ☐ $-3.25$

**9.** $-4\frac{2}{5}$ ☐ $-4.12$

**Ordena de menor a mayor.**

**10.** $\frac{5}{4}, 1.5, -\frac{3}{2}, -0.5$

**11.** $\frac{1}{11}, -0.9, 0.09, \frac{1}{10}$

**12.** $0.1\overline{2}, -\frac{11}{12}, -\frac{1}{6}, -0.1$

**13.** $\frac{2}{3}, 0.6, -\frac{5}{6}, -6.6$

**14.** $1.312, 1\frac{3}{8}, -1\frac{3}{10}, -1.33$

**15.** $1, \frac{4}{5}, -\frac{8}{9}, -1$

**Evalúa. Escribe el resultado en su mínima expresión.**

**16.** $\frac{y}{z}$, para $y = -6$ y $z = -20$ ____________________

**17.** $\frac{2y}{-z}$, para $y = -5$ y $z = -12$ ____________________

**18.** $\frac{y + z}{2z}$, para $y = -4$ y $z = 8$ ____________________

**19.** $\frac{-2y + 1}{-z}$, para $y = 3$ y $z = 10$ ____________________

**Compara.**

**20.** La temperatura a las 3:00 a.m. fue de $-17.3\ °F$. A mediodía fue de $-17.8\ °F$. ¿A qué hora hizo más frío?

____________________

**21.** Samuel es $\frac{5}{8}$ de pulg más alto que Jackie. Shelly es 0.7 pulg más alta que Jackie. ¿Quién es el más alto?

____________________

Nombre _______________________  Clase _______________  Fecha _______________

# Práctica 3-1

**Estimar con fracciones y números mixtos**

**Estima cada suma o resta.**

**1.** $\frac{1}{6} + \frac{5}{8}$ _______

**2.** $\frac{7}{8} - \frac{1}{16}$ _______

**3.** $\frac{9}{10} + \frac{7}{8}$ _______

**4.** $\frac{1}{10} + \frac{5}{6}$ _______

**5.** $\frac{4}{5} - \frac{1}{6}$ _______

**6.** $\frac{11}{12} - \frac{5}{16}$ _______

**7.** $2\frac{1}{6} + 7\frac{1}{9}$ _______

**8.** $4\frac{9}{10} - 3\frac{5}{8}$ _______

**9.** $4\frac{7}{8} + 8\frac{1}{5}$ _______

**10.** $14\frac{3}{4} + 9\frac{7}{8}$ _______

**11.** $7\frac{11}{15} - 6\frac{7}{16}$ _______

**12.** $3\frac{11}{15} - 2\frac{9}{10}$ _______

**Estima cada multiplicación o división.**

**13.** $13\frac{1}{8} \div 6\frac{1}{5}$ _______

**14.** $5\frac{1}{6} \cdot 8\frac{4}{5}$ _______

**15.** $8\frac{1}{6} \div 1\frac{9}{10}$ _______

**16.** $27\frac{6}{7} \div 3\frac{2}{3}$ _______

**17.** $20\frac{4}{5} \cdot 2\frac{2}{7}$ _______

**18.** $9\frac{1}{3} \div 2\frac{7}{8}$ _______

**19.** $19\frac{4}{5} \div 4\frac{5}{8}$ _______

**20.** $9\frac{2}{13} \div 3\frac{1}{18}$ _______

**21.** $42\frac{1}{6} \div 6\frac{1}{16}$ _______

**22.** $15\frac{1}{20} \cdot 3\frac{1}{10}$ _______

**23.** $72\frac{2}{15} \div 8\frac{3}{4}$ _______

**24.** $3\frac{5}{6} \cdot 10\frac{1}{12}$ _______

**Resuelve cada problema.**

**25.** Cada uno de los vestidos de las damas de honor de una boda requiere $7\frac{1}{8}$ yd de tela. Estima cuánta tela se necesitaría para hacer 6 vestidos.

_______________________

**26.** Una tienda de telas tiene $80\frac{3}{8}$ yd de cierta tela. ¿Aproximadamente cuántos pares de cortinas podrían hacerse con esa tela si cada par requiere $4\frac{1}{8}$ yd?

_______________________

**27.** El carro de Adam tiene capacidad para $16\frac{1}{10}$ gal de gasolina. ¿Aproximadamente cuántos galones le quedarán si salió con el tanque lleno y usó $11\frac{9}{10}$ gal?

_______________________

**28.** Julia compró acciones a $\$28\frac{1}{8}$ por acción. El valor de cada acción subió $\$6\frac{5}{8}$. ¿Aproximadamente cuánto vale ahora cada acción?

_______________________

**Estima cada respuesta.**

**29.** $6\frac{2}{9} - 2\frac{7}{8}$ _______

**30.** $\frac{1}{8} + \frac{9}{10}$ _______

**31.** $8\frac{2}{9} \cdot 10\frac{4}{9}$ _______

**32.** $6\frac{1}{4} \div 2\frac{3}{11}$ _______

**33.** $5\frac{1}{11} \cdot 8\frac{13}{15}$ _______

**34.** $\frac{21}{40} - \frac{5}{89}$ _______

**35.** $\frac{81}{100} - \frac{1}{2}$ _______

**36.** $11\frac{5}{9} \div 2\frac{1}{2}$ _______

**37.** $\frac{3}{5} + \frac{7}{8}$ _______

# Práctica 3-2

**Sumar y restar fracciones**

**Escribe un enunciado numérico para cada modelo.**

**1.** 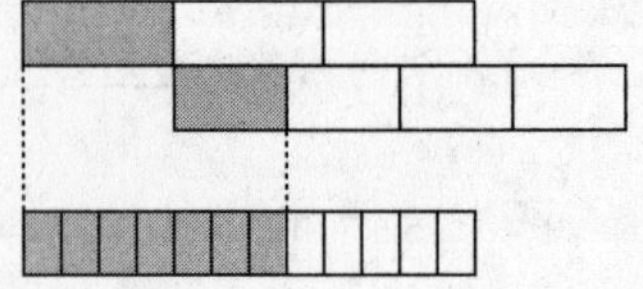

**2.** 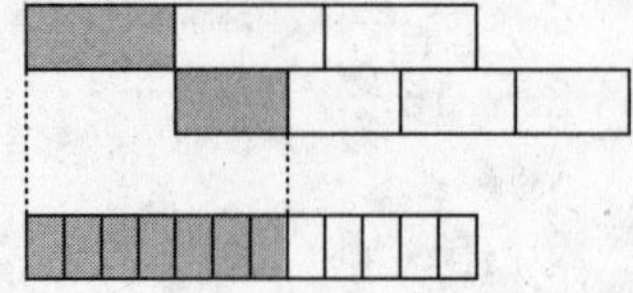

**3.** 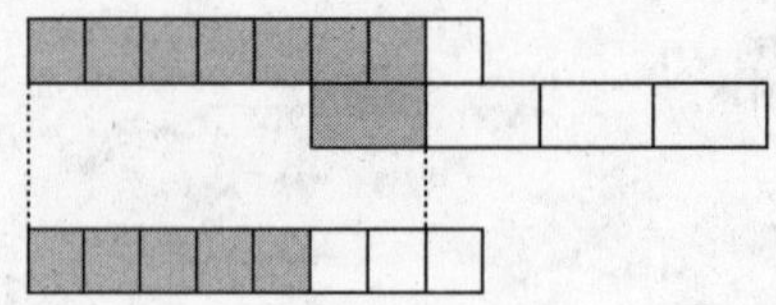

_______________    _______________    _______________

**Resuelve cada suma o resta.**

**4.** $\frac{1}{6} + \frac{7}{8}$ _______

**5.** $\frac{9}{10} - \frac{1}{6}$ _______

**6.** $\frac{1}{6} + \frac{1}{6}$ _______

**7.** $\frac{1}{10} + \frac{2}{5}$ _______

**8.** $\frac{5}{6} + \frac{1}{12}$ _______

**9.** $\frac{2}{3} - \frac{1}{2}$ _______

**10.** $\frac{7}{9} - \frac{1}{3}$ _______

**11.** $\frac{3}{4} - \frac{1}{4}$ _______

**12.** $\frac{1}{5} + \frac{3}{4}$ _______

**13.** $\frac{1}{3} + \frac{1}{2}$ _______

**14.** $\frac{1}{8} + \frac{1}{12}$ _______

**15.** $\frac{7}{10} - \frac{1}{3}$ _______

**Usa la tabla de la derecha para los ejercicios 16 a 21. Indica los
dos aperitivos que deben combinarse para dar la suma indicada.**

**16.** $\frac{5}{6}$ de taza _______________________________

**17.** $\frac{1}{2}$ de taza _______________________________

**18.** $\frac{3}{4}$ de taza _______________________________

**19.** $\frac{11}{12}$ de taza _______________________________

**20.** 1 taza _______________________________

**21.** $\frac{19}{24}$ de taza _______________________________

| Aperitivo | Porción |
| --- | --- |
| Pasas | $\frac{1}{4}$ de taza |
| Nueces | $\frac{3}{8}$ de taza |
| Almendras | $\frac{1}{8}$ de taza |
| Palitos de sésamo | $\frac{2}{3}$ de taza |
| Mini pretzels | $\frac{5}{8}$ de taza |
| Damascos secos | $\frac{1}{6}$ de taza |

**Resuelve cada ecuación.**

**22.** $\frac{2}{3} + x = \frac{4}{6}$

_______________

**23.** $s - \frac{1}{5} = \frac{2}{10}$

_______________

**24.** $b - \frac{4}{12} = \frac{8}{12}$

_______________

**25.** $c + \frac{1}{6} = \frac{5}{12}$

_______________

**26.** $\frac{3}{8} + d = \frac{7}{8}$

_______________

**27.** $f - \frac{1}{10} = \frac{2}{5}$

_______________

# Práctica 3-3

**Sumar y restar números mixtos**

**Resuelve cada suma.**

**1.** $5\frac{1}{3} + 3\frac{2}{3}$

**2.** $7\frac{1}{4} + 4\frac{3}{8}$

**3.** $2\frac{1}{8} + 6\frac{5}{8}$

**4.** $8\frac{1}{5} + 4\frac{3}{10}$

**5.** $9\frac{1}{6} + 6\frac{1}{4}$

**6.** $3\frac{2}{3} + 10\frac{5}{6}$

**Resuelve cada resta.**

**7.** $6\frac{11}{12} - 4\frac{5}{12}$

**8.** $12 - 5\frac{3}{10}$

**9.** $14\frac{1}{2} - 7\frac{1}{5}$

**10.** $9 - 5\frac{5}{6}$

**11.** $13\frac{3}{4} - 10\frac{1}{2}$

**12.** $15\frac{1}{6} - 6\frac{5}{12}$

**Resuelve cada suma o resta.**

**13.** $1\frac{1}{6} - \frac{3}{4}$

**14.** $4\frac{1}{2} - 2\frac{7}{8}$

**15.** $9\frac{3}{4} + 7\frac{7}{8}$

**16.** $5\frac{1}{6} - 4\frac{7}{12}$

**17.** $9\frac{8}{15} + 11\frac{5}{12}$

**18.** $\frac{14}{15} - \frac{1}{2}$

**Escribe un número mixto para cada período de tiempo. Asegúrate de
que cada fracción esté indicada en su mínima expresión.**

**19.** 8:00 a.m. a 9:20 a.m.

**20.** 9:00 a.m. a 2:45 p.m.

**21.** 11:00 a.m. a 3:55 p.m.

**22.** 8:30 a.m. a 10:40 p.m.

# Práctica 3-4



**Resuelve cada multiplicación.**

**1.** $\frac{5}{6} \cdot \frac{3}{5}$ _________

**2.** $\frac{7}{8} \cdot \frac{4}{5}$ _________

**3.** $\frac{9}{10} \cdot \frac{5}{12}$ _________

**4.** $\frac{5}{8} \cdot \frac{3}{5}$ _________

**5.** $\frac{1}{6}$ de 36 _________

**6.** $\frac{5}{9} \cdot 36$ _________

**7.** $\frac{3}{4} \cdot 36$ _________

**8.** $2 \cdot \frac{9}{10}$ _________

**9.** $8 \cdot \frac{9}{10}$ _________

**10.** $\frac{1}{3} \cdot 3\frac{1}{3}$ _________

**11.** $\frac{5}{6}$ de $1\frac{3}{5}$ _________

**12.** $\frac{1}{8}$ de $1\frac{4}{5}$ _________

**13.** $3 \cdot 4\frac{1}{2}$ _________

**14.** $5 \cdot 2\frac{1}{4}$ _________

**15.** $3 \cdot 2\frac{2}{3}$ _________

**16.** $3\frac{2}{3} \cdot 1\frac{1}{2}$ _________

**17.** $4\frac{1}{6} \cdot 2\frac{2}{5}$ _________

**18.** $3\frac{1}{4} \cdot 2\frac{1}{6}$ _________

**Resuelve.**

**19.** El espesor de una placa de madera laminada es de $\frac{5}{8}$ de pulgada. ¿Qué altura tendrá una pila de 21 placas?

_______________________________________________

**20.** Un cartel mide 38 cm de ancho. Si se usa una fotocopiadora para hacer una copia que mida $\frac{3}{5}$ del tamaño original, ¿cuál será el ancho de la copia?

_______________________________________________

**21.** Un objeto de un kilogramo pesa unas $2\frac{1}{5}$ libras. Calcula el peso en libras de un monitor de computadora que tiene una masa de $7\frac{3}{8}$ kilogramos.

_______________________________________________

**22.** La población de Suecia es cerca de $1\frac{11}{16}$ veces mayor que la de Dinamarca. Calcula la población de Suecia si la de Dinamarca es de unos 5,190,000 habitantes.

_______________________________________________

# Práctica 3-5

**Dividir fracciones y números mixtos**

**Halla el recíproco de cada número.**

**1.** $\frac{1}{2}$ _______

**2.** $\frac{9}{16}$ _______

**3.** $\frac{4}{5}$ _______

**4.** $1\frac{1}{4}$ _______

**5.** $2\frac{9}{10}$ _______

**6.** $3\frac{1}{6}$ _______

**Resuelve cada división.**

**7.** $\frac{3}{4} \div \frac{1}{4}$ _______

**8.** $\frac{5}{6} \div \frac{1}{12}$ _______

**9.** $\frac{1}{12} \div \frac{5}{6}$ _______

**10.** $6 \div \frac{3}{4}$ _______

**11.** $5 \div \frac{9}{10}$ _______

**12.** $\frac{4}{5} \div 2$ _______

**13.** $\frac{7}{8} \div 3$ _______

**14.** $\frac{4}{9} \div 8$ _______

**15.** $1\frac{1}{2} \div \frac{2}{3}$ _______

**16.** $\frac{3}{4} \div 1\frac{1}{3}$ _______

**17.** $2\frac{1}{2} \div 1\frac{1}{4}$ _______

**18.** $1\frac{3}{4} \div \frac{3}{4}$ _______

**19.** $1\frac{7}{10} \div \frac{1}{2}$ _______

**20.** $4\frac{1}{2} \div 2\frac{1}{2}$ _______

**21.** $6 \div 3\frac{4}{5}$ _______

**22.** $4\frac{3}{4} \div \frac{7}{8}$ _______

**23.** $5\frac{5}{6} \div 1\frac{1}{3}$ _______

**24.** $3\frac{3}{8} \div 1\frac{1}{4}$ _______

**25.** $6\frac{1}{2} \div 1\frac{1}{2}$ _______

**26.** $2\frac{9}{10} \div 1\frac{3}{4}$ _______

**27.** $3\frac{1}{4} \div 1\frac{1}{3}$ _______

**Resuelve cada problema.**

**28.** Rosa prepara $2\frac{1}{2}$ tazas de budín. ¿Cuántas porciones de $\frac{1}{3}$ de taza puede obtener del budín?

_______________________

**29.** Un tipo de luciérnaga emite un destello cada $1\frac{1}{2}$ s. ¿Cuántos destellos emite en un minuto?

_______________________

**30.** Bea puede correr $\frac{1}{6}$ de milla en 2 minutos. ¿Cuánto tardaría en correr dos millas?

_______________________

**31.** Joe maneja su carro y recorre 20 millas en $\frac{1}{2}$ hora. ¿Cuánto tardará en recorrer 50 millas?

_______________________

# Práctica 3-6

**Convertir unidades en el sistema de medidas angloamericano**

**Indica si multiplicarías o dividirías para convertir de una unidad de medida a otra.**

**1.** toneladas a libras _____________  **2.** pintas a cuartos _____________  **3.** pies a yardas _____________

**4.** galones a pintas _____________  **5.** tazas a cuartos _____________  **6.** libras a onzas _____________

**Completa.**

**7.** 9 ct = _____________ gal  **8.** $2\frac{1}{4}$ T = _____________ lb  **9.** $3\frac{1}{2}$ yd = _____________ pulg

**10.** 4 yd = _____________ pies  **11.** 60 tz = _____________ ct  **12.** 246 pulg = _____________ pies

**13.** 1,750 oz = _____________ lb  **14.** 84 pies = _____________ yd  **15.** 198 pulg = _____________ yd

**16.** 480 oz líq = _____________ pt **17.** $\frac{1}{4}$ gal = _____________ oz líq  **18.** $\frac{1}{2}$ mi = _____________ pies

**19.** $\frac{1}{10}$ mi = _____________ pulg  **20.** 2 lb 6 oz = _____________ lb  **21.** 2 ct 8 oz líq = _____________ ct

**Resuelve.**

**22.** Las granjas de Estados Unidos produjeron 2,460,000,000 bushels de soya en 1994 ¿A cuántos cuartos equivale esto? (Un bushel equivale a 32 cuartos.)

_________________________________________________________________

**23.** En 1994, Brian Berg construyó una "casa" de 81 pisos usando naipes. La casa llegó a tener $15\frac{2}{3}$ pies de alto. ¿A cuántas pulgadas equivale esto?

_________________________________________________________________

**Escoge la unidad de medida angloamericana apropiada.**

**24.** capacidad de una jarra

_________________________________________

**25.** longitud de una habitación grande

_________________________________________

**26.** distancia entre dos capitales

_________________________________________

**27.** capacidad de una botella de champú

_________________________________________

# Práctica 3-7 **Precisión**

**Subraya la unidad de medida más precisa.**

**1.** 23 oz, 20.7 oz     **2.** 1,830 g, 2.5 kg     **3.** 63.7 L, 63.70 L

**4.** 3.7 T, 5,610 lb     **5.** 58.3 cm, 4.6 m     **6.** 12 L, 1,735 ml

**7.** 3,008 pt, 0.95 pt     **8.** 7.3 min, 516 s     **9.** 2.7 ml, 12 ml

**10.** 26.4 cm, 8.39 cm     **11.** 216 pies, 3,106 pulg     **12.** 4.1 lb, 6.123 lb

**Halla cada suma o resta. Redondea tu respuesta para que coincida con la medida menos precisa.**

**13.** 6.35 oz + 4.2 oz     **14.** 83 g − 1.8 g     **15.** 4.20 yd + 8.64 yd

_______________     _______________     _______________

**16.** 21 cm + 5360 cm     **17.** 5.382 m + 8 m     **18.** 6.4 pies + 4300 pies

_______________     _______________     _______________

**19.** 2.713 ml + 8.4 ml     **20.** 50 lb − 4.6 lb     **21.** 6.83 km + 10.3 km

_______________     _______________     _______________

**22.** El pico Boundary en Nevada tiene una altura de 13,000 pies. El pico Guadalupe en Texas tiene una altura de 8,749 pies. ¿Cuál es la diferencia de altura entre el pico Boundary y el pico Guadalupe? Redondea tu respuesta para que coincida con la medida menos precisa.

_______________________________________________

**23.** Mides la superficie de tu jardín y te da 9 yardas de ancho por 11 yardas de largo. Luego tu hermano lo mide y le da $27\frac{1}{2}$ pies de ancho por $32\frac{3}{4}$ pies de largo. ¿Cuál de las dos mediciones es más precisa? ¿Por qué?

_______________________________________________

_______________________________________________

# Práctica 4-1

**Evaluar y escribir expresiones algebraicas**

**Evalúa cada expresión usando los valores $m = 7$, $r = 8$, $t = 2$.**

**1.** $5m - 6$

**2.** $4m + t$

**3.** $r \div t$

**4.** $m \times t$

**5.** $5t + 2m$

**6.** $r \times m$

**7.** $3m - 5t$

**8.** $(m \times r) \div t$

**9.** $mrt$

**10.** Escribe una expresión algebraica para hallar el $n$ésimo término de la siguiente tabla.

| A | 0 | 1 | 2 | 3 | 4 | 5 | $n$ |
|---|---|---|---|---|---|---|---|
| B | 3 | 5 | 7 | 9 | 11 | 13 | ? |

**Escribe una frase para cada expresión algebraica.**

**11.** $n + 16$

**12.** $3.2n$

**13.** $25.6 - n$

**14.** $n \div 24$

**15.** $\frac{45}{n}$

**16.** $15.4 - n$

**Escribe una expresión algebraica para cada frase.**

**17.** 12 más que $m$ máquinas

**18.** seis veces la cantidad diaria de fibra $f$ que consumes en tu dieta

**19.** la edad de tu tía $e$ menos 25

**20.** el número total de conchas marinas $c$ dividido por 10

**21.** Tus amigos y tú planean una fiesta sorpresa. Cada uno aporta la misma suma de dinero $d$ para la comida.

   **a.** Escribe una expresión algebraica para representar la cantidad total de dinero aportada para la comida. _______________

   **b.** Evalúa la expresión para $d = \$5.25$. _______________

# Práctica 4-2

**Usar el sentido numérico para resolver ecuaciones**

**Identifica una solución para cada ecuación a partir del grupo de números dado.**

**1.** $30p = 900$; 3, 20, 30, ó 60

_________________

**2.** $\frac{h}{9} = 11$; 3, 30, 72, ó 99

_________________

**3.** $t + 32.4 = 62$; 29.6, 31.4, ó 18.6

_________________

**4.** $r - 17 = 40$; 23, 57 ó 63

_________________

**Resuelve cada ecuación usando el cálculo mental.**

**5.** $5t = 25$

_________________

**6.** $8w = 64$

_________________

**7.** $p + 5 = 12$

_________________

**8.** $a + 2 = 15$

_________________

**9.** $\frac{h}{6} = 4$

_________________

**10.** $\frac{g}{8} = 16$

_________________

**11.** $y - 11 = 28$

_________________

**12.** $d - 4 = 12$

_________________

**13.** $w - 10 = 15$

_________________

**14.** $18 - t = 14$

_________________

**15.** $21 + y = 31.64$

_________________

**16.** $18.43 + x = 123.4$

_________________

**17.** Los estudiantes de séptimo grado han estado recolectando latas de aluminio para reciclar. Han recolectado 210 latas. Su objetivo es recolectar 520. Escribe una ecuación y estima el número de latas de aluminio que necesitan para alcanzar su objetivo.

_________________

**18.** Una costurera compró algunos rollos de tela a $25.30 cada uno. Gastó un total de $227.70. Escribe una ecuación y estima el número de rollos de tela que compró.

_________________

**19.** Para tu fiesta compraste globos a $.79 cada uno. Gastaste un total de $11.85. Escribe una ecuación y estima el número de globos que compraste.

_________________

# Práctica 4-3

**Resolver ecuaciones por medio de la suma o la resta**

**Resuelve cada ecuación. Verifica tus respuestas.**

**1.** $n + 2 = 5$

**2.** $x - 1 = -3$

**3.** $7 = a + 2$

**4.** $p + 2 = -6$

**5.** $-9 = -4 + a$

**6.** $-2 = c + 2$

**7.** $x - (-3) = 7$

**8.** $a + (-6) = 5$

**9.** $16 + s = 6$

**10.** $p + (-2) = 19$

**11.** $r - 7 = -13$

**12.** $25 = a - (-3)$

**Usa una calculadora, papel y lápiz o el cálculo mental. Resuelve cada ecuación.**

**13.** $t + 43 = 28$

**14.** $-19 = r + 6$

**15.** $25 = r + 7$

**16.** $13 = 24 + c$

**17.** $d - 19 = -46$

**18.** $b + 27 = -18$

**19.** $46 = f - 19$

**20.** $z - 74 = -19$

**21.** El odómetro del carro de tu familia muestra 20,186.7 después de recorrer 62.3 millas. Escribe y resuelve una ecuación para determinar cuántas millas mostraba el odómetro antes de recorrer las 62.3 millas.

**22.** Michael compró un regalo de $25.00 para un amigo. Después de comprarlo, le quedaron $176.89. Escribe y resuelve una ecuación para calcular cuánto dinero tenía Michael antes de comprar el regalo.

**23.** En esta primavera llovió un total de 11.5 pulgadas. Esto representó 3 pulgadas menos que la primavera anterior. Escribe y resuelve una ecuación para determinar la cantidad de lluvia que cayó en la última estación.

# Práctica 4-4

**Resolver ecuaciones por medio de la multiplicación o la división**

**Usa una calculadora, papel y lápiz o el cálculo mental. Resuelve cada ecuación.**

**1.** $9n = 126$

**2.** $\dfrac{d}{3} = -81$

**3.** $-2t = 56$

**4.** $\dfrac{k}{-3} = 6$

**5.** $-18 = \dfrac{y}{-2}$

**6.** $\dfrac{y}{16} = 3$

**7.** $-56 = 8r$

**8.** $9w = -63$

**9.** $-3v = -48$

**10.** $13 = \dfrac{x}{-4}$

**11.** $28 = -4a$

**12.** $\dfrac{t}{-42} = 3$

**13.** $24 = \dfrac{f}{-4}$

**14.** $15 = -3j$

**15.** $102k = 408$

**16.** $\dfrac{b}{-96} = -3$

**Resuelve y verifica cada ecuación.**

**17.** $\dfrac{x}{19} = -21$

**18.** $\dfrac{x}{-22} = -63$

**19.** $-41x = 164$

**20.** $\dfrac{x}{91} = -98$

**21.** $452 = -4x$

**22.** $50x = -2{,}500$

**Escribe y resuelve una ecuación para representar cada situación.**

**23.** Una de las flores más grandes, la rafflesia, pesa cerca de 15 libras. ¿Cuántas flores de este tipo se pueden poner en un recipiente con una capacidad máxima de 240 libras?

_______________________________________________

**24.** Se llama "agua pesada" a un compuesto que se usa en algunos reactores nucleares. El agua pesada cuesta cerca de $1,500 por galón. Si una planta nuclear gastó $10,500 en agua pesada, ¿cuántos galones se compraron?

_______________________________________________

# Práctica 4-5

**Investigar problemas de dos pasos**

**Define una variable y escribe una expresión algebraica para cada frase.**

**1.** seis veces el precio de la gasolina menos 20

______________________________________________

**2.** la mitad de la distancia de Boston a Nueva York menos 25

______________________________________________

**3.** dos menos que cinco veces el número de huevos que se necesitan
para preparar una receta

______________________________________________

**4.** 10 megabytes menos que el número de megabytes que hay en
una computadora, dividido por 6

______________________________________________

**Resuelve cada ecuación usando el sentido numérico.**

**5.** $10 + 5h = 25$

**6.** $8s - 8 = 64$

**7.** $3y + 78 = 81$

**8.** $2g + 4 = 12$

**9.** $5j + 5 = 15$

**10.** $3w + 8 = 20$

**11.** $\frac{h}{2} + 1 = 4$

**12.** $\frac{g}{8} + 12 = 16$

**13.** $2 + \frac{b}{7} = 3$

**14.** Por participar en una carrera con fines benéficos, tu patrocinador
se comprometió a pagarte honorarios fijos de \$5 más \$2 por cada
milla que recorras. Escribe una expresión para representar la
suma total de dinero que cobrarás al final de la carrera. Luego,
evalúa tu expresión para un recorrido de 20 millas.

______________________________________________

Nombre _________________________ Clase _________________ Fecha _________________

# Práctica 4-6



**Resuelve cada ecuación. Luego, verifica tus respuestas.**

**1.** $7m + 8 = 71$

**2.** $\frac{y}{7} + 6 = 11$

**3.** $12y + 2 = 146$

**4.** $\frac{m}{9} - 17 = 21$

**5.** $\frac{y}{-12} + 1 = 6$

**6.** $2a - 1 = 19$

**7.** $\frac{c}{9} - 8 = 17$

**8.** $-4t + 16 = 24$

**9.** $\frac{b}{-2} - 8 = -6$

**10.** $3d + 14 = 11$

**11.** $\frac{z}{17} - 1 = 8$

**12.** $\frac{e}{5} - 14 = 21$

**13.** $\frac{f}{-9} + 4 = 2$

**14** $-2y + 16 = 10$

**15.** $4w - 26 = 82$

**16.** $\frac{j}{19} - 2 = -5$

**Resuelve cada ecuación.**

**17.** $3n - 8 = 4$

**18.** $\frac{n}{5} - 4 = 11$

**19.** $2n - 3 = 9$

**20.** $1 + \frac{n}{4} = 9$

**Relaciona cada enunciado con una ecuación de dos pasos.**

**21.** La mitad de la altura de un árbol menos cinco es igual a quince.

**A.** $3n - 2 = 12$

**B.** $3n + 2 = 12$

**22.** Dos menos que tres veces el número de pies de la valla necesaria equivale a doce pies.

**C.** $\frac{n}{2} - 5 = 15$

**D.** $\frac{n}{4} - 8 = -5$

**23.** Ocho veces menos que la división del puntaje de golf de Dave por cuatro equivale a cinco negativo.

**24.** Tres veces la edad de Gail más dos años equivale a doce años.

# Práctica 4-7

**Hacer gráficas y escribir desigualdades**

**Representa gráficamente la solución de cada desigualdad en una recta numérica.**

**1.** $x \leq 3$  ⟵|—|—|—|—|—|—|—|—|—⟶ $x$
    $-4\ -3\ -2\ -1\ 0\ 1\ 2\ 3\ 4$

**2.** $t > 1$  ⟵|—|—|—|—|—|—|—|—|—⟶ $t$
    $-4\ -3\ -2\ -1\ 0\ 1\ 2\ 3\ 4$

**3.** $q \geq -10$  ⟵|—|—|—|—|—|⟶ $q$
    $-20\quad -10\quad 0\quad 10\quad 20$

**4.** $m < 50$  ⟵|—|—|—|—|—|—|—|—|⟶ $m$
    $-10\ 0\ 10\ 20\ 30\ 40\ 50\ 60\ 70$

**Indica si el número que aparece en negrita es una solución de cada desigualdad.**

**5.** $x < 7;\ \mathbf{7}$ _____________

**6.** $p > -3;\ \mathbf{3}$ _____________

**7.** $k \geq 5;\ \mathbf{0}$ _____________

**8.** $3z \leq 12;\ \mathbf{4}$ _____________

**9.** $n - 5 > 3;\ \mathbf{6}$ _____________

**10.** $2g + 8 \geq 3;\ \mathbf{-1}$ _____________

**Escribe una desigualdad para cada recta.**

**11.** _____________________

**12.** _____________________

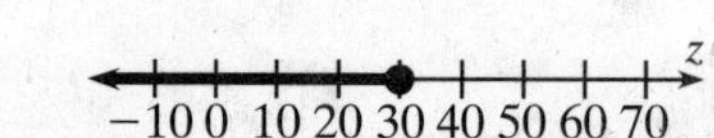

**Escribe una desigualdad para cada enunciado. Representa gráficamente cada solución en la recta numérica correspondiente.**

**13.** Puedes caminar hasta allí en 20 minutos o menos.

_____________________

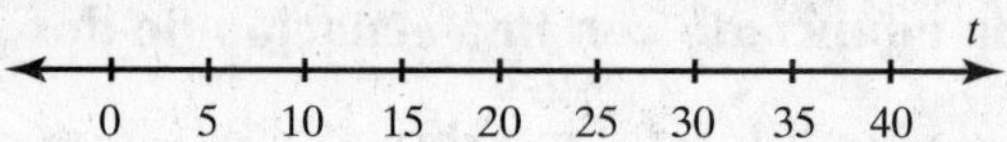

**14.** Cada premio vale más de $150.

_____________________

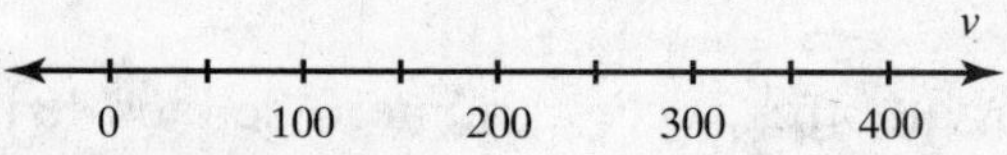

**15.** Una especie de bagre, *Malapterurus electricus,* puede generar hasta 350 voltios de electricidad.

**a.** Escribe una desigualdad para representar la cantidad de electricidad generada por el bagre.

_____________________

**b.** Dibuja una gráfica de la desigualdad que escribiste en el punto **a.**

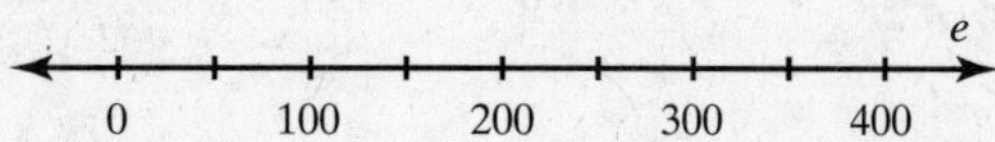

Nombre _______________________ Clase _________________ Fecha _________________

# Práctica 4-8

**Resolver desigualdades por medio de la suma o la resta**

**Resuelve cada desigualdad. Representa gráficamente cada una de las soluciones.**

**1.** $w + 4 < -2$

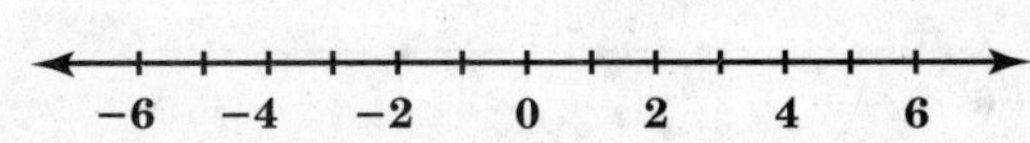

**2.** $a - 4 \geq 0$

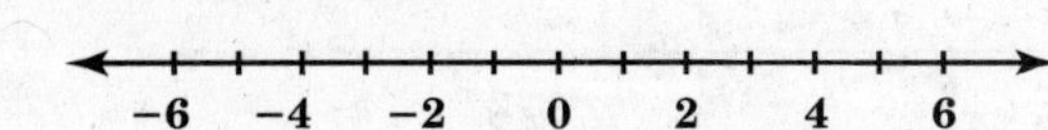

**3.** $a + 19 > 13$

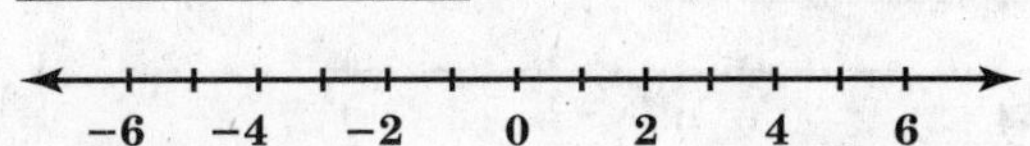

**4.** $x + 7 \leq 12$

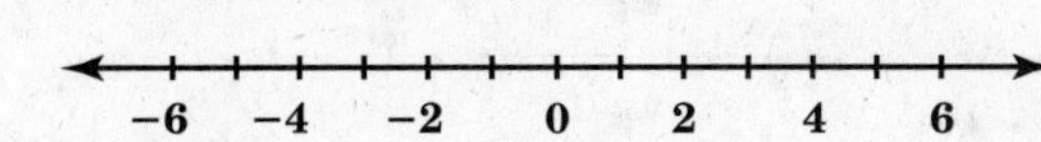

**5.** $a + 2 > -3$

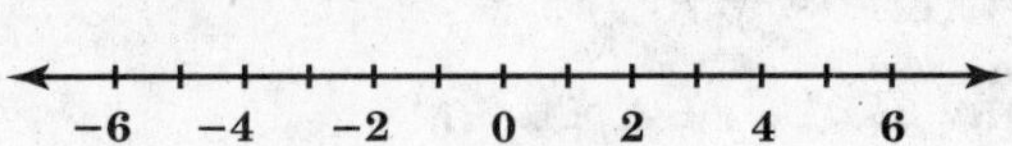

**6.** $t - 6 < 3$

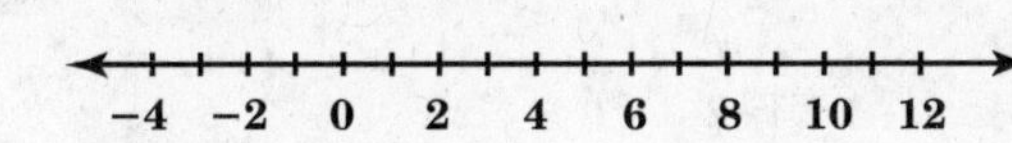

**7.** $r - 3.4 \leq 2.6$

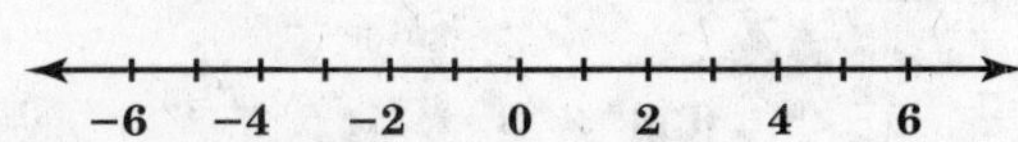

**8.** $a + 5.7 \geq -2.3$

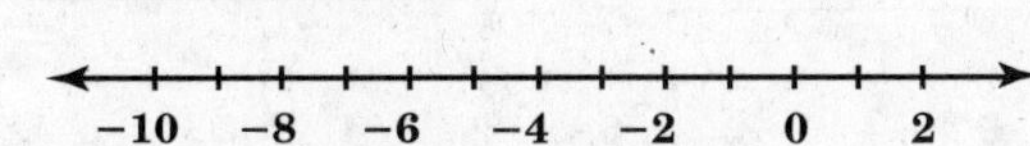

**9.** $h - 4.9 > -0.9$

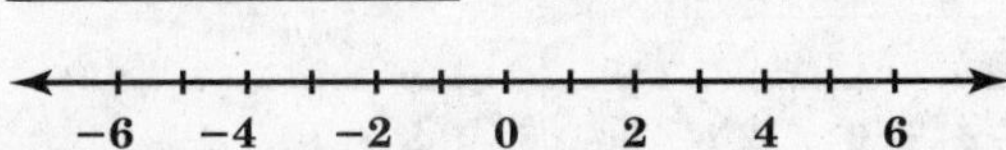

**10.** $y + 3.4 < -4.6$

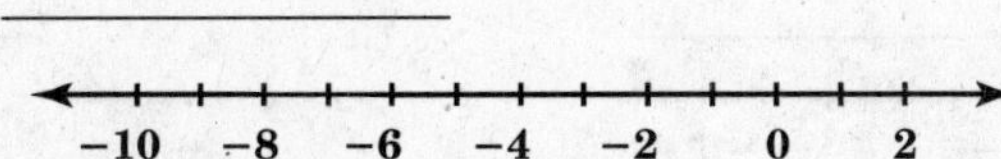

**Escribe una desigualdad para cada problema. Resuelve la desigualdad.**

**11.** El registro escolar de la mayor cantidad de puntos obtenidos en una temporada de fútbol americano es de 85. Lawrence ha obtenido hasta ahora 44 puntos en esta temporada. ¿Cuántos puntos más necesita para batir el récord?

**12.** El límite máximo de peso para un camión completamente cargado es de 16,000 libras. El camión que estás cargando en este momento pesa 12,500 libras. ¿Cuánto peso más se puede agregar sin exceder el límite de peso?

# Práctica 4-9

**Resolver desigualdades por medio de la multiplicación o la división**

**Resuelve cada desigualdad. Haz una gráfica de cada solución.**

**1.** $6w \leq 36$

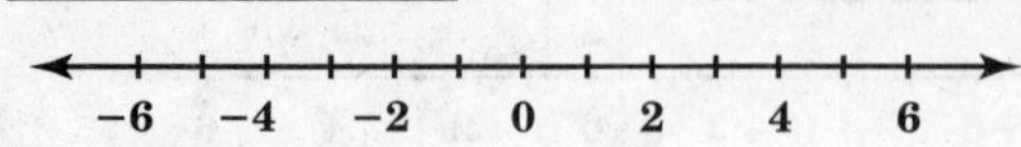

**2.** $10a \geq 40$

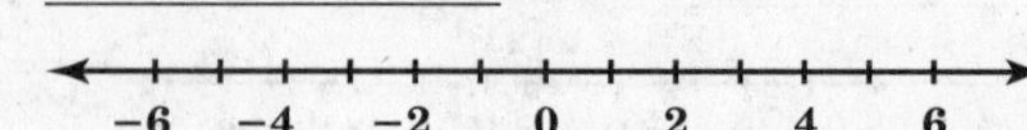

**3.** $\dfrac{f}{3} \leq -2$

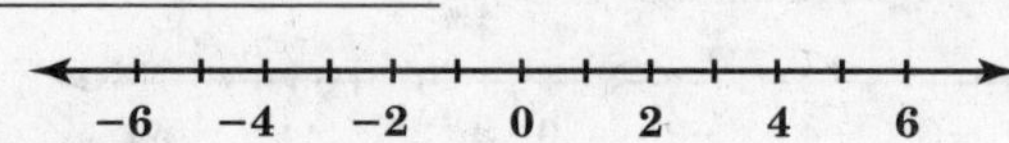

**4.** $\dfrac{v}{4} > 2$

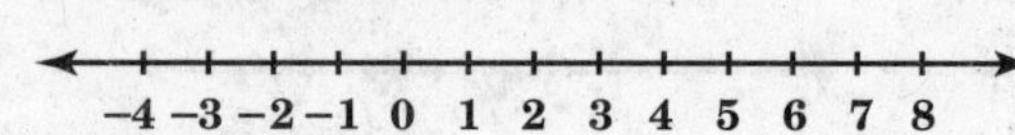

**5.** $7a > -28$

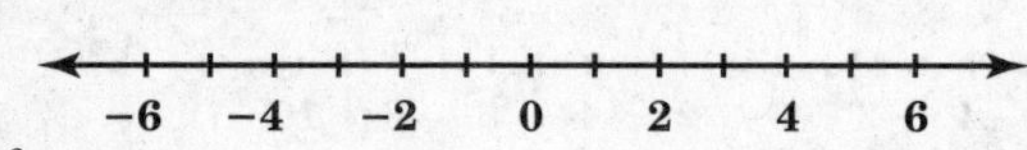

**6.** $\dfrac{c}{-3} \geq 3$

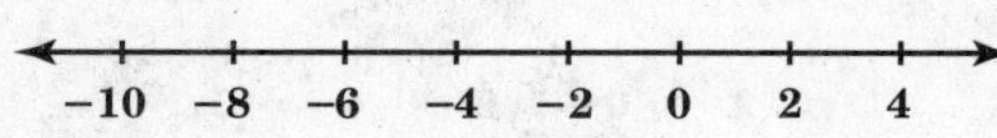

**7.** $\dfrac{f}{2} > -1$

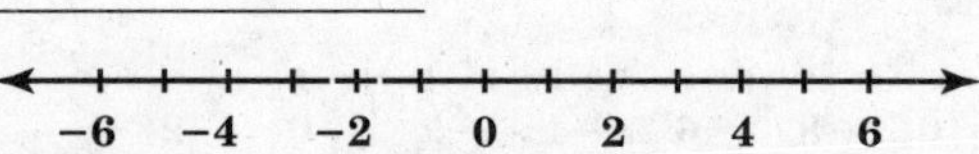

**8.** $9a \leq 63$

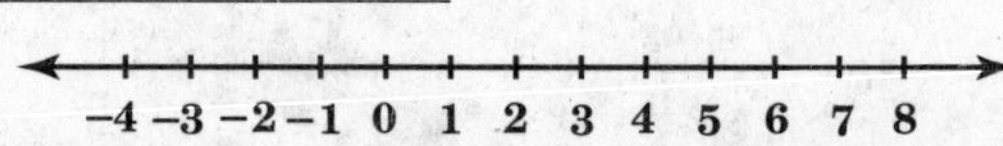

**9.** $4w \geq -12$

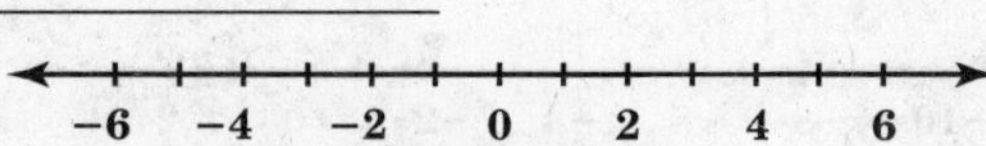

**10.** $\dfrac{h}{-2} \geq -5$

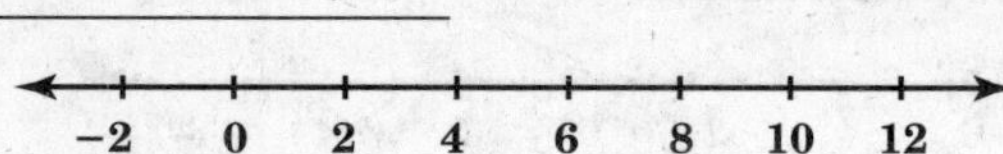

**Escribe una desigualdad para resolver cada problema. Luego, resuelve la desigualdad.**

**11.** Marcus quiere comprar 15 pelotas de béisbol. Tiene $35. ¿Cuánto es el precio máximo que puede costar cada pelota?

_______________________________

_______________________________

**12.** Melinda cobra $4 la hora por cuidar niños. La señora Garden no quiere gastar más de $25 para que cuiden a sus hijos. ¿Cuál es el número máximo de horas que puede contratar a Melinda?

_______________________________

_______________________________

# Práctica 5-1

**Razones**

**Escribe una razón para cada situación de tres formas distintas.**

1. En Luisiana, hace diez años, las escuelas tenían un promedio de 182 estudiantes por cada 10 maestros.

   _______________________________________________

2. Entre 1899 y 1900, 284 de cada 1,000 estadounidenses tenían de 5 a 17 años de edad.

   _______________________________________________

**Usa la siguiente tabla para resolver los ejercicios 3 y 4.**

Las clases de séptimo grado de una escuela hicieron una encuesta para decidir si querían que se sirviera pollo o pasta en el banquete de entrega de premios de fin de año.

| Número de salón | Pollo | Pasta |
| --- | --- | --- |
| 201 | 10 | 12 |
| 202 | 8 | 17 |
| 203 | 16 | 10 |

3. En el salón 201, ¿cuál es la razón de estudiantes que prefieren pollo con respecto a los que prefieren pasta?

   _______________________________________________

4. Suma los totales de los tres salones. ¿Cuál es la razón del número de estudiantes que prefieren pasta con respecto al número de estudiantes que prefieren pollo?

   _______________________________________________

**Escribe cada razón en su mínima expresión.**

5. 12 a 18 _______    6. 81 : 27 _______    7. $\frac{6}{28}$ _______

**Indica si las razones *son equivalentes* o *no son equivalentes*.**

8. 12 : 24, 50 : 100 _______________________

9. $\frac{22}{1}$ , $\frac{1}{22}$ _______________________

10. 2 a 3, 24 a 36 _______________________

11. En una bolsa hay canicas de color verde, amarillo y naranja. La razón de canicas de color verde con respecto a las de color amarillo es de 2 : 5. La razón de canicas de color amarillo con respecto a las de color naranja es de 3 : 4. ¿Cuál es la razón de canicas de color verde con respecto a las de color naranja?

   _______________________________________________

# Práctica 5-2

**Tasas unitarias y razonamiento proporcional**

**Escribe la tasa unitaria para cada situación.**

**1.** recorrer 250 mi en 5 h

**2.** ganar $75.20 en 8 horas

**3.** leer 80 páginas en 2 h

**4.** escribir a máquina 8,580 palabras en 2 h 45 min

**5.** fabricar 2,488 piezas en 8 h

**6.** 50 ejemplares de un libro repartidos en 2 estantes

**Halla el precio unitario. Luego, determina cuál fue la mejor compra.**

**7.** papel:  100 hojas por $.99
          500 hojas por $4.29

**8.** cacahuates:  1 lb por $1.29
               12 oz por $.95

**9.** galletitas saladas:  15 oz por $1.79
                    12 oz por $1.49

**10.** manzanas:  3 lb por $1.89
            5 lb por $2.49

**11.** lapiceros:  4 por $1.25
          25 por $5.69

**12.** rosquillas:  4 por $.89
           6 por $1.39

**13. a.** Yolanda y Yoko corrieron una carrera de 100 yardas. Cuando Yolanda cruzó la línea de meta, Yoko estaba 10 yd detrás de ella. Luego, las niñas volvieron a correr y Yolanda salió desde 10 yardas por detrás de la línea de salida. Si cada niña corrió a la misma velocidad que antes, ¿quién ganó la carrera? ¿Por cuántas yardas de diferencia?

**b.** Suponiendo que las niñas corran a la misma velocidad que antes, ¿desde cuántas yardas por detrás de la línea de salida tiene que salir Yolanda para que la carrera termine en un empate?

Nombre _______________________ Clase _______________ Fecha _______________

# Práctica 5-3



**Determina si la razón de cada par es proporcional.**

**1.** $\frac{12}{16}, \frac{30}{40}$  _______

**2.** $\frac{8}{12}, \frac{15}{21}$  _______

**3.** $\frac{27}{21}, \frac{81}{56}$  _______

**4.** $\frac{45}{24}, \frac{75}{40}$  _______

**5.** $\frac{5}{9}, \frac{80}{117}$  _______

**6.** $\frac{15}{25}, \frac{75}{125}$  _______

**7.** $\frac{2}{14}, \frac{20}{35}$  _______

**8.** $\frac{9}{6}, \frac{21}{14}$  _______

**9.** $\frac{24}{15}, \frac{16}{10}$  _______

**10.** $\frac{3}{4}, \frac{8}{10}$  _______

**11.** $\frac{20}{4}, \frac{17}{3}$  _______

**12.** $\frac{25}{6}, \frac{9}{8}$  _______

**Decide si cada par de razones es proporcional.**

**13.** $\frac{14}{10} \stackrel{?}{=} \frac{9}{7}$

**14.** $\frac{18}{8} \stackrel{?}{=} \frac{36}{16}$

**15.** $\frac{6}{10} \stackrel{?}{=} \frac{15}{25}$

**16.** $\frac{7}{16} \stackrel{?}{=} \frac{4}{9}$

**17.** $\frac{6}{4} \stackrel{?}{=} \frac{12}{8}$

**18.** $\frac{19}{3} \stackrel{?}{=} \frac{114}{8}$

**19.** $\frac{5}{14} \stackrel{?}{=} \frac{6}{15}$

**20.** $\frac{6}{27} \stackrel{?}{=} \frac{8}{36}$

**21.** $\frac{27}{15} \stackrel{?}{=} \frac{45}{25}$

**22.** $\frac{3}{18} \stackrel{?}{=} \frac{4}{20}$

**23.** $\frac{5}{2} \stackrel{?}{=} \frac{15}{6}$

**24.** $\frac{20}{15} \stackrel{?}{=} \frac{4}{3}$

**Resuelve.**

**25.** En las pruebas de natación en estilo pecho de los Juegos Olímpicos de 1992, Nelson Diebel nadó 100 metros en 62 segundos y Mike Bowerman nadó 200 metros en 130 segundos. ¿Son proporcionales estas tasas?

_______

**26.** Durante las vacaciones, la familia Vázquez viajó 174 millas en 3 horas el lunes, y 290 millas en 5 horas el martes. ¿Son proporcionales estas tasas?

_______

# Práctica 5-4

**Resolver proporciones**

**Halla el valor de *n* usando el cálculo mental.**

**1.** $\frac{n}{14} = \frac{20}{35}$ _____________

**2.** $\frac{9}{6} = \frac{21}{n}$ _____________

**3.** $\frac{24}{n} = \frac{16}{10}$ _____________

**4.** $\frac{3}{4} = \frac{n}{10}$ _____________

**Resuelve cada proporción usando productos cruzados.**

**5.** $\frac{k}{8} = \frac{14}{4}$

$k =$ _____________

**6.** $\frac{u}{3} = \frac{10}{5}$

$u =$ _____________

**7.** $\frac{14}{6} = \frac{d}{15}$

$d =$ _____________

**8.** $\frac{5}{1} = \frac{m}{4}$

$m =$ _____________

**9.** $\frac{36}{32} = \frac{n}{8}$

$n =$ _____________

**10.** $\frac{5}{30} = \frac{1}{x}$

$x =$ _____________

**11.** $\frac{t}{4} = \frac{5}{10}$

$t =$ _____________

**12.** $\frac{9}{2} = \frac{v}{4}$

$v =$ _____________

**Resuelve.**

**13.** Un contratista estima que costará unos \$2,400 construir una terraza de acuerdo con las especificaciones del cliente. ¿Cuánto costaría construir 5 terrazas similares?

_____________________________

**14.** Según una receta, para preparar 27 panecillos hacen falta 3 tazas de harina. ¿Cuánta harina se necesita para preparar 9 panecillos?

_____________________________

**Para resolver, usa una calculadora, papel y lápiz o el cálculo mental.**

**15.** Mandy corre 4 km en 18 minutos, y piensa participar en una carrera de 15 km. ¿Cuánto tiempo le llevará la carrera?

_____________________________

**16.** El nuevo carro de Ken recorre 26 millas con un solo galón de gasolina. En el tanque de gasolina del carro caben 14 galones. ¿Qué distancia podrá recorrer con el tanque lleno?

_____________________________

**17.** Eleanor puede coser dos faldas en 15 días. ¿Cuánto tiempo le llevará coser ocho faldas?

_____________________________

**18.** Se necesitan tres huevos para preparar dos docenas de bollos. ¿Cuántos huevos se necesitan para preparar 12 docenas?

_____________________________

# Práctica 5-5

Usar figuras semejantes

$\triangle\ MNO \sim \triangle\ JKL$. **Completa cada enunciado.**

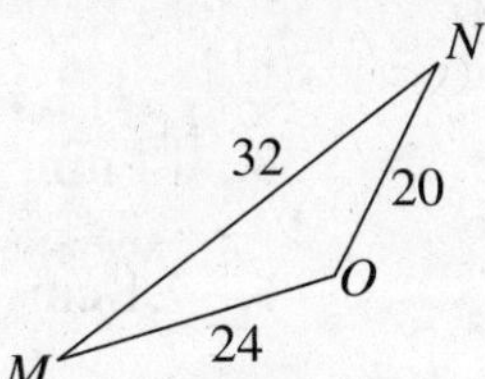
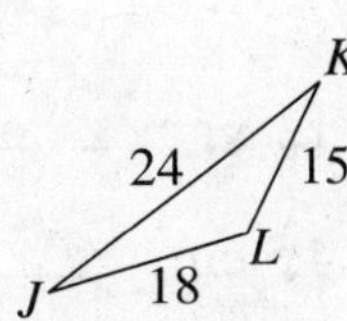

1. $\angle M$ corresponde a _____________.

2. $\angle L$ corresponde a _____________.

3. $\overline{JL}$ corresponde a _____________.

4. $\overline{MN}$ corresponde a _____________.

5. ¿Cuál es la razón de las longitudes de los lados correspondientes? _____________

**Los siguientes pares de figuras son semejantes. Calcula el valor de cada variable.**

6. 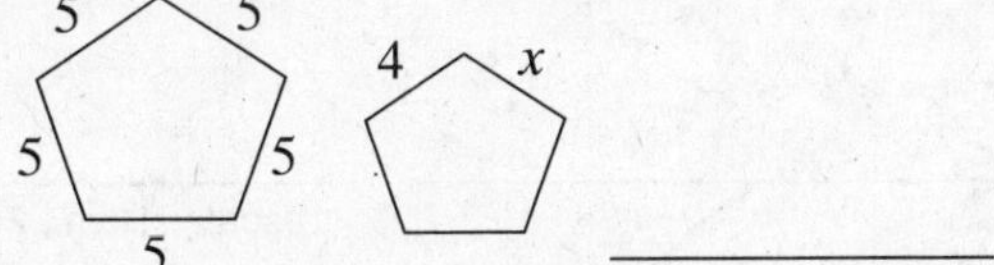

7. 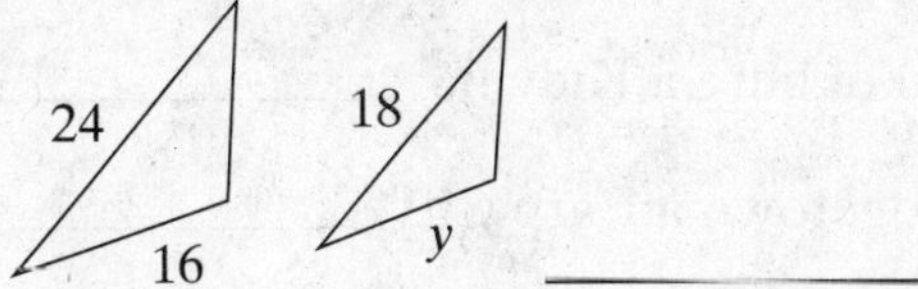

8. 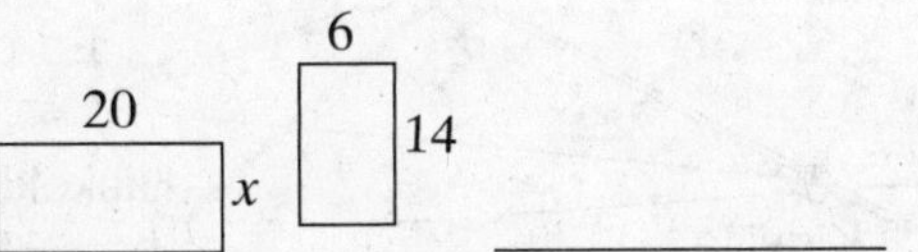

9. 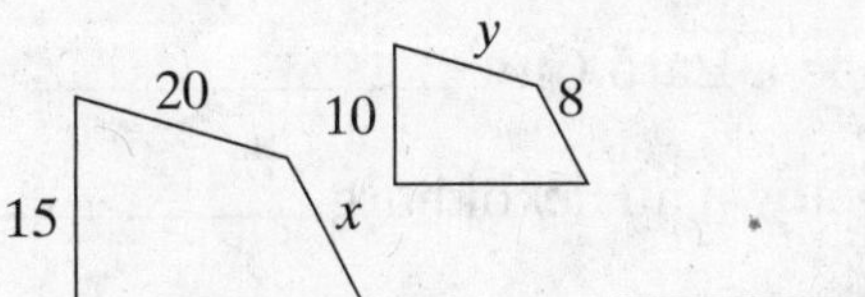

10. 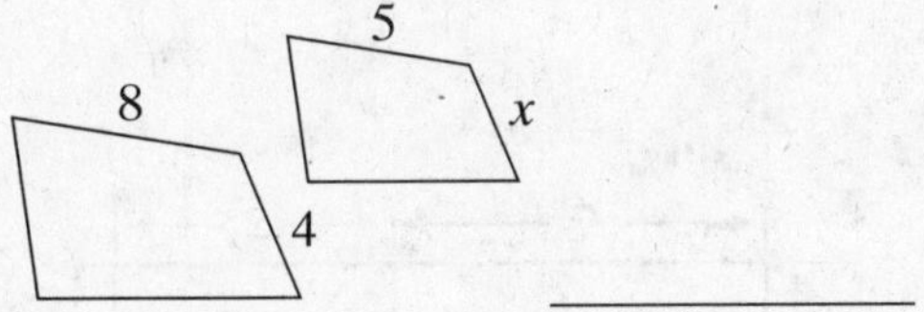

11. 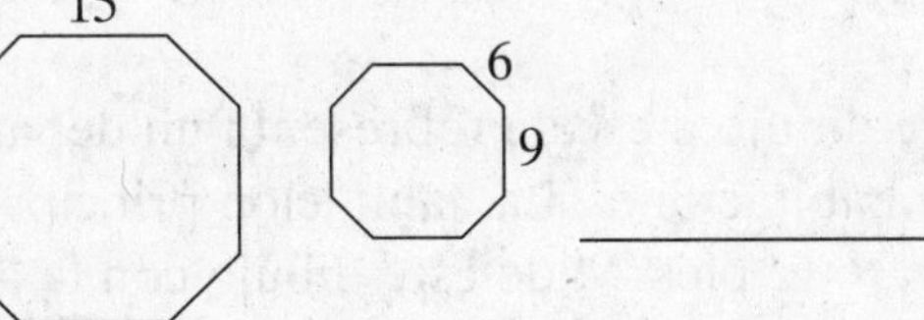

12. En un día soleado, si una vara de 36 pulgadas proyecta una sombra de 21 pulgadas, ¿cuál es la altura de un edificio cuya sombra es de 168 pies?

_______________________________________

13. Oregón mide aproximadamente 400 millas de este a oeste y 300 millas de norte a sur. Si un mapa de Oregón mide 15 pulgadas de alto (de norte a sur), ¿cuál es el ancho del mapa?

_______________________________________

# Práctica 5-6

**Mapas y dibujos a escala**

**La escala de un mapa es 2 cm : 21 km. Calcula las distancias reales representadas en el mapa.**

**1.** 9 cm _____________  **2.** 12.5 cm _____________  **3.** 14 mm _____________

**4.** 3.6 m _____________  **5.** 4.5 cm _____________  **6.** 7.1 cm _____________

**Un dibujo tiene una escala de $\frac{1}{4}$ de pulgada : 12 pies. Calcula la longitud que tendrá en el dibujo cada longitud real.**

**7.** 8 pies _____________  **8.** 30 pies _____________  **9.** 15 pies _____________

**10.** 18 pies _____________  **11.** 20 pies _____________  **12.** 40 pies _____________

**Con ayuda de una regla, calcula la distancia aproximada entre estos pueblos.**

**13.** de Hickokburg a Kidville _______________

**14.** de Dodgetown a Earp City _______________

**15.** de Dodgetown a Kidville _______________

**16.** de Kidville a Earp City _______________

**17.** de Dodgetown a Hickokburg _______________

**18.** de Earp City a Hickokburg _______________

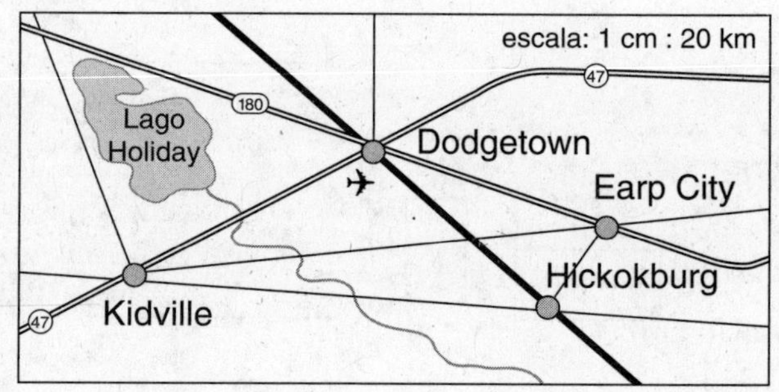


**Resuelve.**

**19.** Este dibujo a escala representa un departamento de dos habitaciones. La habitación principal mide 9 pies × 12 pies. Mide este dibujo con la ayuda de una regla dividida en pulgadas.

**a.** La escala es _______________.

**b.** Escribe en el dibujo las dimensiones reales.

# Práctica 6-1

**Comprender los porcentajes**

**Sombrea cada cuadrícula para que represente los siguientes porcentajes.**

**1.** 53%

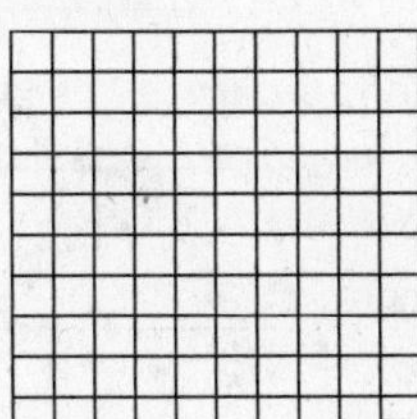

**2.** 23%

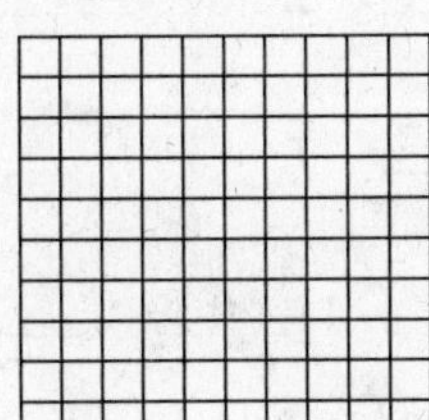

**3.** 71%

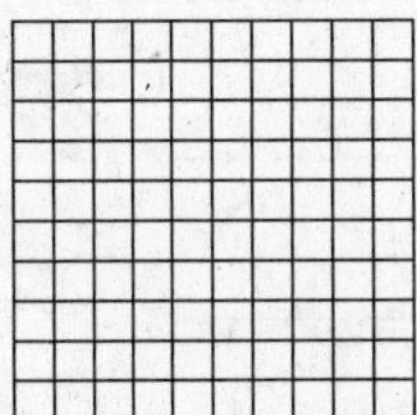

**Escribe cada razón en forma de porcentaje.**

**4.** $\frac{4}{5}$ _______

**5.** $\frac{3}{5}$ _______

**6.** $\frac{9}{10}$ _______

**7.** $\frac{3}{10}$ _______

**8.** $\frac{6}{25}$ _______

**9.** $\frac{7}{100}$ _______

**10.** $\frac{9}{50}$ _______

**11.** $\frac{9}{25}$ _______

**12.** $\frac{2}{5}$ _______

**13.** $\frac{7}{10}$ _______

**14.** $\frac{4}{25}$ _______

**15.** $\frac{16}{25}$ _______

**16.** $\frac{11}{20}$ _______

**17.** $\frac{19}{20}$ _______

**18.** $\frac{27}{50}$ _______

**19.** $41 : 50$ _______

**Escribe un porcentaje para cada figura sombreada.**

**20.** 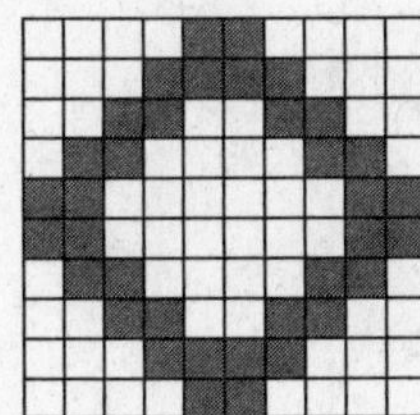 _______

**21.**  _______

**22.**  _______

**Completa.**

Los antiguos egipcios no escribían la fracción $\frac{4}{5}$ como "$\frac{4}{5}$". En lugar de esto, recurrían a las *unidades fraccionarias*. El numerador de una unidad fraccionaria siempre es 1. Los denominadores de las fracciones utilizadas para representar otra fracción tienen que ser todos distintos. Por esta razón, los egipcios habrían escrito $\frac{4}{5}$ como $\frac{1}{2} + \frac{1}{5} + \frac{1}{10}$ y no como $\frac{1}{2} + \frac{1}{10} + \frac{1}{10} + \frac{1}{10}$. Escribe las siguientes fracciones como una suma de unidades fraccionarias.

**23.** $\frac{3}{4}$ _______________________

**24.** $\frac{5}{8}$ _______________________

**25.** $\frac{9}{10}$ _______________________

**26.** $\frac{7}{12}$ _______________________

# Práctica 6-2

**Porcentajes, fracciones y decimales**

Escribe cada porcentaje como fracción en su mínima expresión y como decimal.

**1.** 65% _________

**2.** 37.5% _________

**3.** 80% _________

**4.** 25% _________

**5.** 18% _________

**6.** 46% _________

**7.** 87% _________

**8.** 8% _________

**9.** 43% _________

**10.** 55% _________

**11.** 94% _________

**12.** 36% _________

Escribe cada número en forma de porcentaje. Redondea a la décima más cercana cuando sea necesario.

**13.** $\frac{8}{15}$ _________

**14.** $\frac{7}{50}$ _________

**15.** 0.56 _________

**16.** 0.0413 _________

**17.** $\frac{3}{8}$ _________

**18.** $\frac{7}{12}$ _________

**19.** 0.387 _________

**20.** 0.283 _________

**21.** $\frac{2}{9}$ _________

Escribe cada número en forma de porcentaje. Escribe el número en el crucigrama sin usar el signo de porcentaje ni el punto decimal.

**22.**

**Horizontales**

**1.** 0.134

**3.** $\frac{53}{100}$

**5.** 0.565

**7.** $1\frac{7}{50}$

**9.** 0.456

**10.** 0.63

**11.** $\frac{11}{200}$

**13.** 0.58

**14.** $\frac{191}{200}$

**16.** 0.605

**Verticales**

**2.** 0.346

**4.** 0.324

**5.** $\frac{1}{2}$

**6.** 0.515

**8.** $\frac{33}{200}$

**9.** 0.4385

**10.** $\frac{659}{1,000}$

**12.** $\frac{1,087}{20,000}$

**15.** $\frac{14}{25}$

# Práctica 6-3

**Porcentajes mayores que 100 o menores que 1**

**Clasifica las siguientes expresiones como: (A) menor que 1%, (B) mayor que 100% o (C) entre 1% y 100%.**

1. $\frac{1}{2}$ _______    2. $\frac{4}{3}$ _______    3. $\frac{2}{300}$ _______    4. $\frac{3}{10}$ _______

5. 1.03 _______    6. 0.009 _______    7. 0.635 _______    8. 0.0053 _______

**Compara. Usa > , < ó =.**

9. $\frac{1}{4}$ ☐ 20%    10. $\frac{1}{2}$% ☐ 50    11. 0.008 ☐ 8%

12. 150% ☐ $\frac{5}{4}$    13. 3 ☐ 300%    14. $\frac{7}{250}$ ☐ 0.3%

**Escribe cada fracción o decimal en forma de porcentaje. Redondea a la décima más cercana cuando sea necesario.**

15. $\frac{7}{5}$ _______    16. $\frac{137}{100}$ _______    17. $\frac{0.8}{100}$ _______

18. $\frac{21}{4}$ _______    19. $\frac{17}{10}$ _______    20. $\frac{65}{40}$ _______

21. $\frac{37}{20}$ _______    22. $\frac{7}{500}$ _______    23. $\frac{9}{8}$ _______

**Escribe cada decimal en forma de porcentaje.**

24. 0.003 _______    25. 1.8 _______    26. 0.0025 _______

27. 5.3 _______    28. 0.0041 _______    29. 0.083 _______

30. 0.0009 _______    31. 0.83 _______    32. 20 _______

**Escribe cada porcentaje como decimal y como fracción en su mínima expresión.**

33. 175% _______    34. 120% _______    35. $\frac{2}{5}$% _______

36. $\frac{5}{8}$% _______    37. 750% _______    38. $8\frac{1}{4}$% _______

39. En 1990, la población de Kansas era de 2,477,574, lo que incluía a 21,965 indígenas norteamericanos. ¿Qué porcentaje de la gente que vivía en Kansas era de origen indígena norteamericano?

_________________________________________________

40. La masa de la Tierra es $\frac{1}{318}$ de la masa de Júpiter. ¿Qué porcentaje representa esta cifra?

_________________________________________________

# Práctica 6-4

**Calcular el porcentaje de un número**

**Calcula.**

**1.** 20% de 560

**2.** 42% de 200

**3.** 9% de 50

**4.** 40% de 70

**5.** 25% de 80

**6.** 50% de 80

**7.** 40% de 200

**8.** 5% de 80

**9.** 75% de 200

**Halla cada respuesta usando el cálculo mental.**

**10.** 14% de 120

**11.** 30% de 180

**12.** 62.5% de 24

**13.** 34% de 50

**14.** 25% de 240

**15.** 85.5% de 23

**16.** 120% de 56

**17.** 80% de 90

**18.** 42% de 120

**Resuelve.**

**19.** Un granjero recogió en su campo una sandía que pesaba 20 libras. Según su experiencia, calculó que el 95% de la sandía era agua.

   **a.** ¿Qué parte de la sandía es agua? _______________________

   **b.** ¿Qué parte de la sandía no es agua? _______________________

   **c.** La sandía se envió al mercado, donde terminó por deshidratarse (perdió agua). Si la sandía aún tiene un 90% de agua, ¿qué porcentaje de ella no es agua? _______________________

   **d.** La parte sólida de la sandía sigue pesando lo mismo. ¿Cuánto pesa la sandía ahora? _______________________

**20.** Una bicicleta se vende al 75% de su precio original de $160. ¿Cuánto cuesta ahora?

_______________________________________________

# Práctica 6-5

**Resolver problemas con porcentajes mediante proporciones**

**Usa una proporción para resolver lo siguiente.**

1. 48 es el 60% ¿de qué número? _____________________

2. ¿Cuánto es el 175% de 85? _____________________

3. ¿Qué porcentaje de 90 representa el número 50? _____________________

4. 76 es el 80% ¿de qué número? _____________________

5. ¿Cuánto es el 50% de 42.88? _____________________

6. 96 es el 160% ¿de qué número? _____________________

7. ¿Qué porcentaje de 24 representa el número 72? _____________________

8. ¿Cuánto es el 85% de 120? _____________________

9. ¿Cuánto es el 80% de 12? _____________________

10. 56 es el 75% ¿de qué número? _____________________

**Resuelve.**

11. El precio rebajado de una bicicleta es de $120. Esto representa el 75% del precio original. Calcula el precio original.

    _____________________________________________

12. A una reunión familiar acudieron 160 personas. Esto representó el 125% de las que fueron el año pasado. ¿Cuánta gente acudió a la reunión el año pasado?

    _____________________________________________

13. Una empresa tiene 875 empleados. Los miércoles, la cafetería de la empresa rebaja todos los precios, y el 64% de los empleados almuerzan allí. ¿Cuántos empleados almuerzan los miércoles en la cafetería?

    _____________________________________________

14. Una pequeña universidad tiene 1,295 estudiantes, de los cuales 714 son mujeres. ¿Qué porcentaje de los estudiantes son mujeres?

    _____________________________________________

# Práctica 6-6

**Resolver problemas con porcentajes mediante ecuaciones**

**Escribe y resuelve una ecuación para cada caso. Redondea las respuestas a la décima más cercana.**

1.  ¿Qué porcentaje de 64 representa el número 48? _______________

2.  ¿Cuánto es el 16% de 130? _______________

3.  24 es el 25% ¿de qué número? _______________

4.  ¿Qué porcentaje de 18 representa el número 12? _______________

5.  ¿Cuánto es el 48% de 83? _______________

6.  136 es el 40% ¿de qué número? _______________

7.  ¿Qué porcentaje de 530 representa el número 107? _______________

8.  ¿Cuánto es el 74% de 643? _______________

9.  84 es el 62% ¿de qué número? _______________

10. ¿Qué porcentaje de 84 representa el número 50? _______________

11. ¿Cuánto es el 37% de 245? _______________

12. 105 es el 12% ¿de qué número? _______________

## Resuelve.

13. Una cafetería ofrece a las personas de la tercera edad un 15% de descuento en su precio habitual de $8.95 para el buffet de la cena.

    **a.** ¿Qué porcentaje del precio habitual representa el precio que se les cobra a estas personas? _______________

    **b.** ¿Cuál es el precio que pagan las personas de la tercera edad? _______________

14. En 1990, el 12.5% de la población de Oregón no tenía seguro médico. Si la población era de 2,880,000, ¿cuánta gente no tenía seguro médico?

    _______________________________________

# Práctica 6-7

**Aplicaciones de los porcentajes**

**Calcula cada pago.**

**1.** $17.50 con un impuesto de venta del 7%

**2.** $21.95 con un impuesto de venta del 4.25%

**3.** $52.25 con un impuesto de venta del 8%

**4.** $206.88 con un impuesto de venta del 5.75%

**5.** El precio de un par de zapatos es de $85.99 sin tener en cuenta el impuesto de venta. El impuesto es del 7.5%. Calcula el costo total de los zapatos.

**Calcula una propina del 15% para cada importe.**

**6.** $12.68

**7.** $18.25

**8.** $15.00

**Calcula cada comisión.**

**9.** 2% de $1,500 en ventas

**10.** 8% de $80,000 en ventas

**11.** 5% de $600 en ventas

**12.** 12% de $3,200 en ventas

**Calcula el ingreso total dados el sueldo, el porcentaje de la comisión y el total de las ventas.**

**13.** $1,000 más el 6% de $2,000 en ventas

**14.** $500 más el 10% de $1,400 en ventas

**15.** $850 más el 8% de $8,000 en ventas

**16.** $1,200 más el 4.5% de $6,500 en ventas

**17.** Para recubrir un sillón grande de tu casa compras $9\frac{1}{2}$ yardas de tela de tapicería a $11.00 la yarda. ¿Cuál es el costo total de la tela si se aplica un impuesto de venta de 7%?

**18.** Tu hermana y tú barren y recogen las hojas del jardín de la abuela. Ella les pagará $35.00 por el trabajo. Una vez que terminan el trabajo, la abuela decide agregar un 20% de propina adicional a cada uno de ustedes. Tu hermana y tú se quedan con sus propinas individuales y deciden dividir sus otras ganancias a la mitad. ¿De cuánto será la mitad de lo ganado por el trabajo?

# Práctica 6-8

**Hallar el porcentaje de cambio**

**Calcula cada porcentaje de cambio. Indica si el cambio representa un aumento o una reducción.**

**1.** Un abrigo de $50 se vende rebajado por $35.

___________________________________

**2.** Mayelle gana $18,000 al año. Después de un aumento, pasa a cobrar $19,500.

___________________________________

**3.** El año pasado Anthony ganó $24,000. Luego de un breve período de desempleo, sus ingresos de este año fueron de $18,500.

___________________________________

**4.** Las pérdidas ocasionadas por los incendios en 1981 fueron de aproximadamente $1.1 millones. En 1988, la pérdida fue de cerca de $9.6 millones.

___________________________________

**5.** Hace unos años, ciertas universidades recibían unos subsidios de aproximadamente $268 millones. Diez años más tarde, recibieron $94 millones.

___________________________________

**6.** Un abrigo que cuesta normalmente $125 se vende rebajado por $75.

___________________________________

**7.** Completa la tabla.

### Número de inscripciones en las escuelas de la ciudad de 1995 a 2000

| Año | Inscripciones | Cambio con respecto al año pasado (número de estudiantes) | Cambio con respecto al año pasado (%) | Aumento o reducción |
|---|---|---|---|---|
| 1995 | 18,500 | — | — | — |
| 1996 | 19,300 | | | |
| 1997 | 19,700 | | | |
| 1998 | 19,500 | | | |
| 1999 | 19,870 | | | |
| 2000 | 19,200 | | | |

# Práctica 7-1

Rectas y planos

**Describe las siguientes rectas o segmentos de recta como *paralelas* o *secantes*.**

1. las filas en una hoja de cálculo _______________

2. las marcas que deja un trineo _______________

3. las aceras a ambos lados de una calle _______________

4. los lados cortados de una tajada de
   pastel de manzana _______________

5. los cables suspendidos entre postes telefónicos _______________

6. las manecillas de un reloj a las 7:00 p.m. _______________

7. los troncos de los árboles de un bosque _______________

**Usa el siguiente diagrama para resolver los ejercicios 8 a 12.**

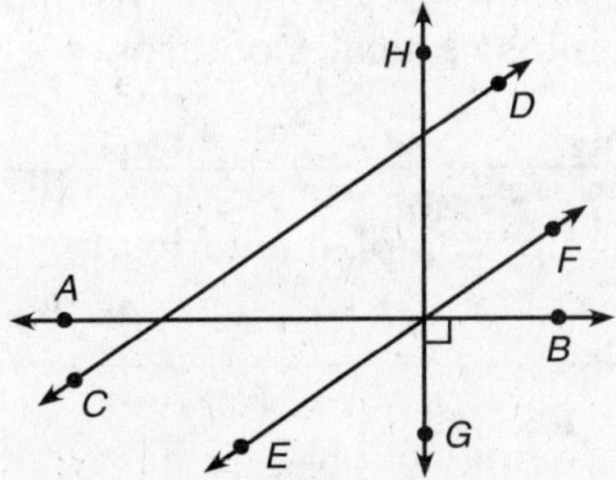


8. Indica un par de rectas paralelas. _______________

9. Indica un segmento. _______________

10. Indica tres puntos. _______________

11. Indica dos rayos. _______________

12. Indica un par de rectas que se intersecan. _______________

**Traza cada figura con una regla.**

13. traza una recta paralela a $\overline{UV}$

14. traza una recta secante $\overline{XY}$

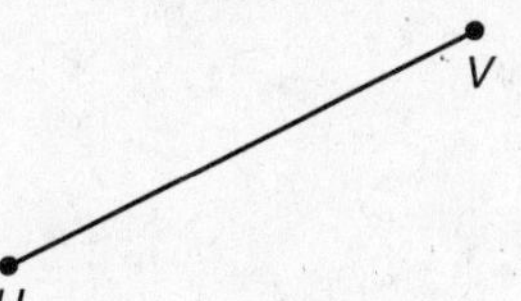


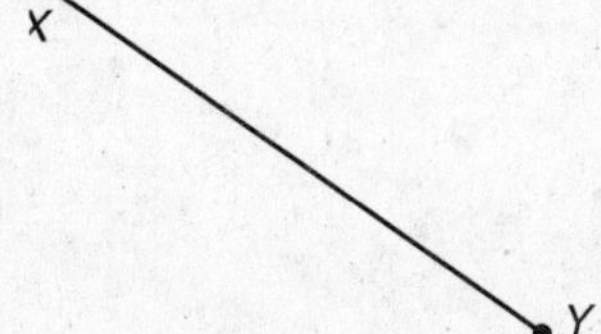

# Práctica 7-2

Identificar y clasificar ángulos

**En los ejercicios 1 a 6, clasifica cada ángulo como agudo, recto, obtuso o llano.**

**1.** 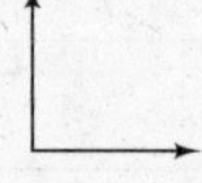

**2.** 

**3.** 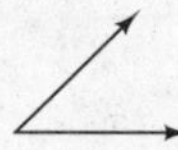

_______________    _______________    _______________

**4.** $m\angle A = 180°$    **5.** $m\angle B = 43°$    **6.** $m\angle D = 90°$

_______________    _______________    _______________

**Usa la figura de la derecha para nombrar lo siguiente.**

**7.** cuatro rectas _______________

**8.** tres segmentos _______________

**9.** un par de ángulos congruentes _______________

**10.** cuatro ángulos rectos

**11.** dos pares de ángulos verticales obtusos

_______________

**12.** dos pares de ángulos suplementarios adyacentes

**13.** dos pares de ángulos complementarios

_______________

**Resuelve.**

**14.** Si $m\angle A, = 23°$ ¿cuál es la medida de su complemento?

_______________

**15.** Si $m\angle T, = 163°$ ¿cuál es la medida de su suplemento?

_______________

**16.** Si un ángulo de 67° es complementario al $\angle Q$, ¿cuál es la medida del $\angle Q$?

_______________

**17.** Dibuja en esta tabla de puntos dos ángulos suplementarios, uno de los cuales mide 45°. *No* utilices el transportador.

# Práctica 7-3

Triángulos

**Halla el valor de *x* en cada triángulo.**

**1.** 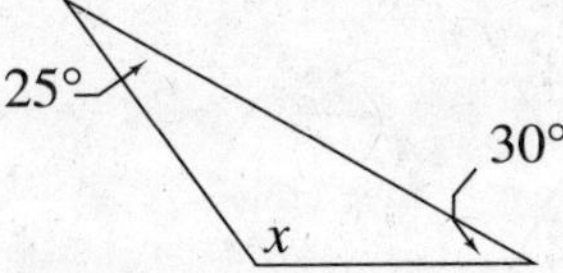


_______________

**2.** 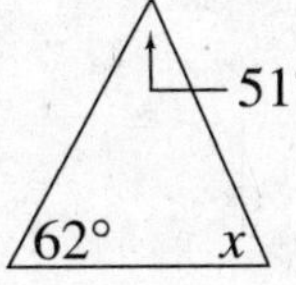


_______________

**3.** 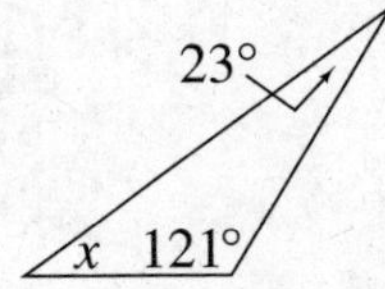


_______________

**4.** 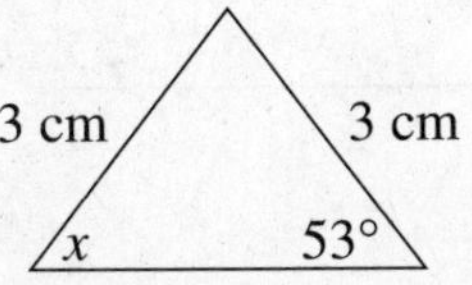


_______________

**5.** 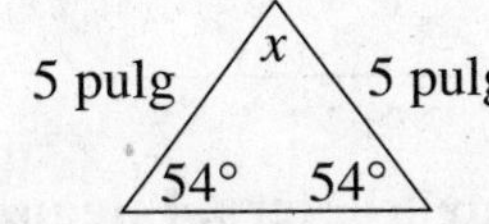


_______________

**6.** 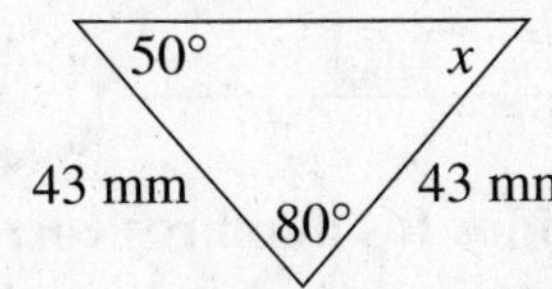


_______________

**Clasifica cada triángulo.**

**7.** Dos ángulos miden 53° y 76°.

_______________________________________________

**8.** Dos lados tienen la misma longitud.

_______________________________________________

**9.** Un ángulo mide 90°.

_______________________________________________

**10.** Los tres lados tienen la misma longitud.

_______________________________________________

**11.** Los ángulos de un triángulo miden 40°, 50° y 90°.

    **a.** Clasifica el triángulo según sus ángulos. _______________________________

    **b.** ¿Puede el triángulo ser equilátero? ¿Por qué? _______________________________

    **c.** ¿Puede el triángulo ser isósceles? ¿Por qué? _______________________________

    **d.** ¿Puedes clasificar el triángulo según sus lados? ¿Por qué?

_______________________________________________

# Práctica 7-4

**Cuadriláteros y otros polígonos**

**Identifica cada polígono y clasifícalo como *regular* o *irregular*.**

**1.** 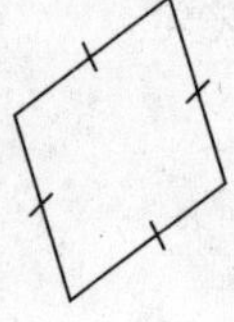

_______________________

_______________________

**2.** 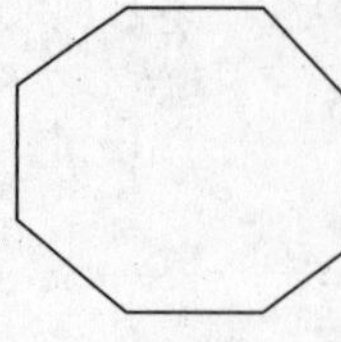

_______________________

_______________________

**3.** 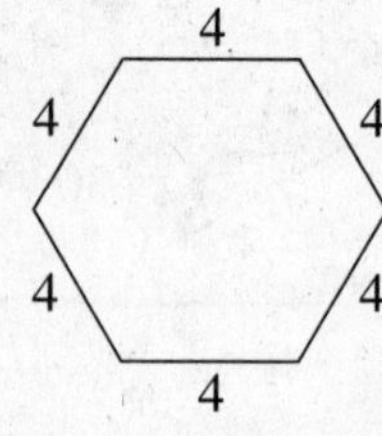

_______________________

_______________________

**Indica todos los nombres correctos de cada cuadrilátero. Luego, encierra en un círculo el nombre más apropiado.**

**4.** 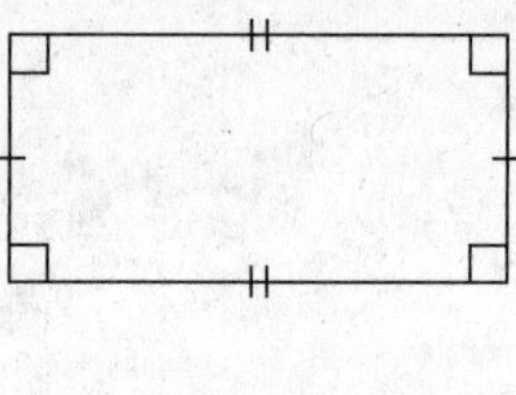

_______________________

_______________________

**5.** 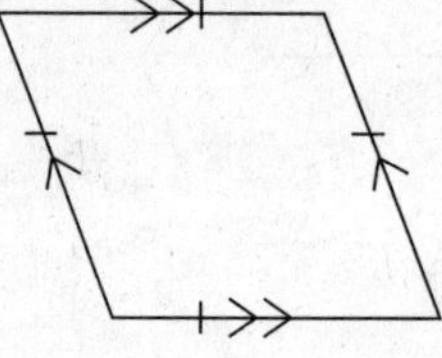

_______________________

_______________________

**6. 7.** 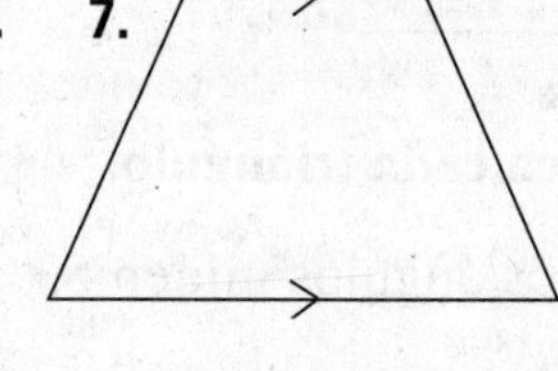

_______________________

_______________________

**Dibuja cada cuadrilátero en papel punteado.**

**7.** un rectángulo que no es un cuadrado

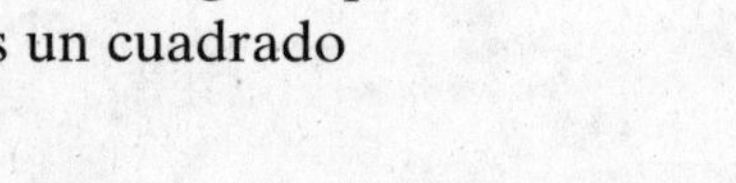

**8.** un rombo con dos ángulos rectos

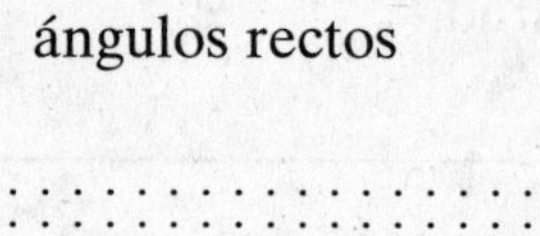

**9.** un trapecio sin ángulos rectos

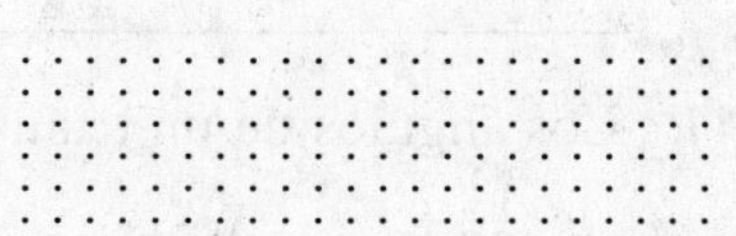

**10.** Escribe las longitudes adicionales de los lados y las medidas de los ángulos del trapecio $JKLM$ donde $\overline{KL}$ es paralelo al $\overline{JM}$, $\angle K$ es un ángulo recto, y la longitud del $\overline{LM}$ es 10 cm.

_______________________________________________

Nombre _______________________ Clase _______________ Fecha _______________

# Práctica 7-5

**Figuras congruentes**

**¿Son *congruentes* o *no congruentes* estas figuras? Explica por qué.**

**1.** 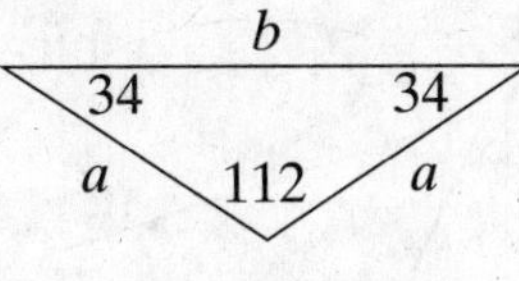

**2.** 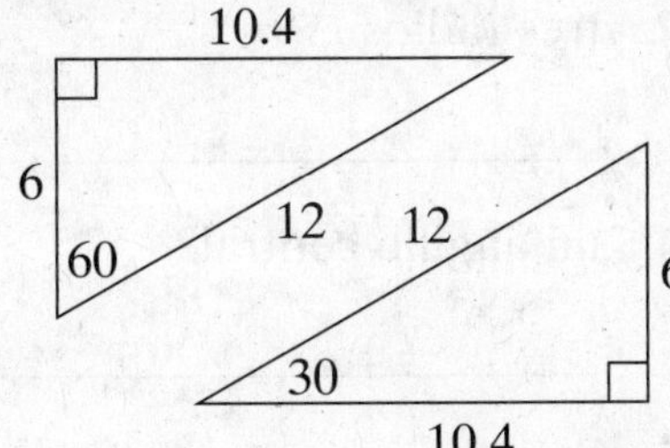

**3.** 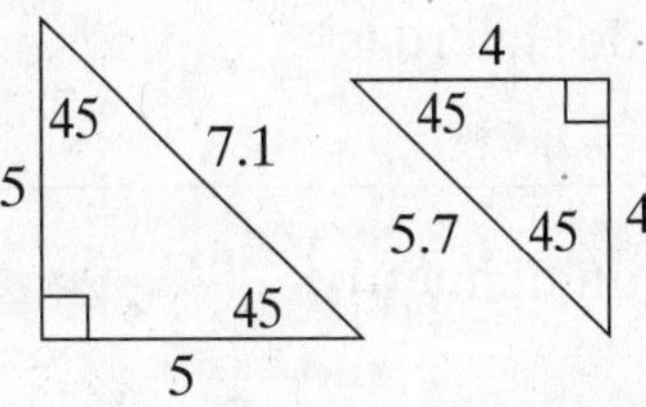

_______________________   _______________________   _______________________

_______________________   _______________________   _______________________

_______________________   _______________________   _______________________

_______________________   _______________________   _______________________

**Completa cada enunciado de congruencia.**

**4.** $\triangle ABC \cong$ _______________

**5.** $\triangle ABC \cong$ _______________

**6.** $\triangle ABC \cong$ _______________

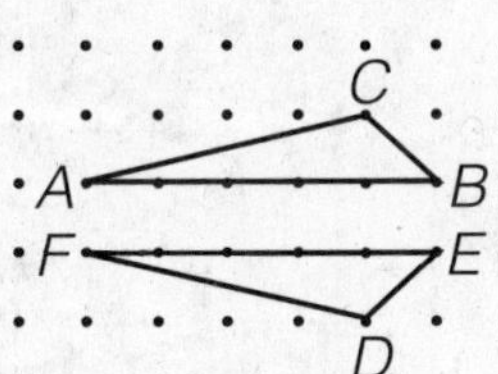

**Escribe seis congruencias respecto a los lados y ángulos correspondientes de cada par de triángulos.**

**7.** $\triangle ABC \cong \triangle DEF$

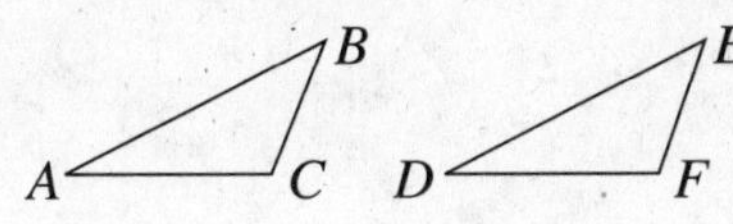

_______________________

_______________________

_______________________

**8.** $\triangle JKL \cong \triangle MNO$

_______________________

_______________________

_______________________

**Usa el diagrama de la derecha para completar lo siguiente.**

**9.** **a.** $\angle ABC \cong$ _______________

**b.** $\overline{AB} \cong$ _______________

**c.** $\angle F \cong$ _______________

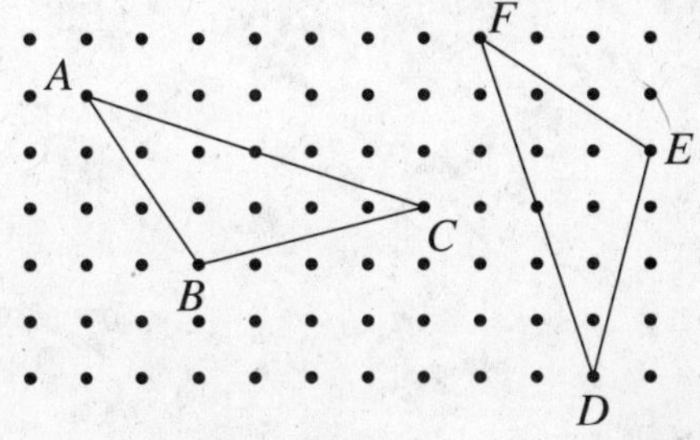

# Práctica 7-6

**Círculos**

**Nombra cada uno de los siguientes elementos del círculo *O*.**

**1.** dos cuerdas

_______________________

**2.** tres radios

_______________________

**3.** un diámetro

_______________________

**4.** un ángulo central

_______________________

**5.** un semicírculo

_______________________

**6.** dos arcos

_______________________

**7.** la cuerda más larga

_______________________

**8.** la cuerda más corta

_______________________

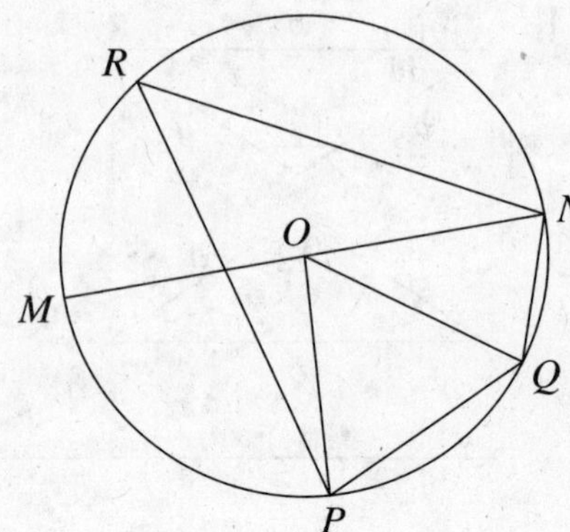

**Nombra todos los arcos indicados del círculo *Q*.**

**9.** todos los arcos más cortos que un semicírculo _______________________

**10.** todos los arcos más largos que un semicírculo _______________________

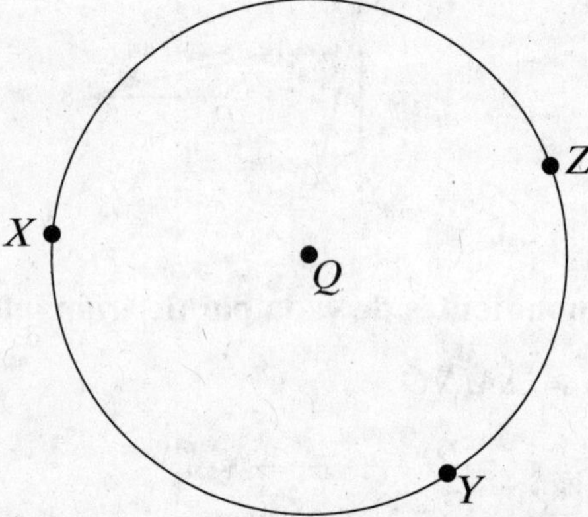

**11.** Con un compás, traza y nombra un círculo *Q*. Nombra un semicírculo $\overset{\frown}{ABC}$ y un arco $\overset{\frown}{AX}$ .

# Práctica 7-7

Gráficas circulares

**Usa la información contenida en cada tabla para crear una gráfica circular.**

**1.** Los datos muestran la cantidad total de vehículos espaciales que lograron orbitar la Tierra o traspasar su órbita.

| Años | Cantidad de lanzamientos espaciales de Estados Unidos realizados con éxito |
|---|---|
| 1957–1959 | 15 |
| 1960–1969 | 470 |
| 1970–1979 | 258 |
| 1980–1989 | 153 |
| 1990–1995 | 146 |

**2.** Los datos representan el porcentaje de escuelas privadas de Estados Unidos que cobran una matrícula anual en cada uno de los rangos indicados.

| Matrícula anual | % de escuelas privadas |
|---|---|
| Menos de $500 | 13 |
| $500–$1,000 | 28 |
| $1,001–$1,500 | 26 |
| $1,501–$2,500 | 15 |
| Más de $2,500 | 18 |

**3.** Los datos representan una encuesta realizada en una clase de séptimo grado.

| Color favorito de auto | Número de estudiantes de séptimo grado |
|---|---|
| Rojo | 14 |
| Azul | 9 |
| Blanco | 3 |
| Verde | 1 |

**a.** ¿A qué porcentaje de estudiantes le gustan los autos azules? _____________

**b.** ¿A qué porcentaje de estudiantes le gustan los autos verdes? _____________

**c.** ¿A qué porcentaje de estudiantes le gustan los autos rojos *o* azules? _____________

**d.** ¿A qué porcentaje de estudiantes le gustan los autos de un color *que no sea* blanco? _____________

# Práctica 7-8

**Trazar bisectrices y mediatrices**

**Traza la mediatriz de cada segmento.**

**1.**

**2.**

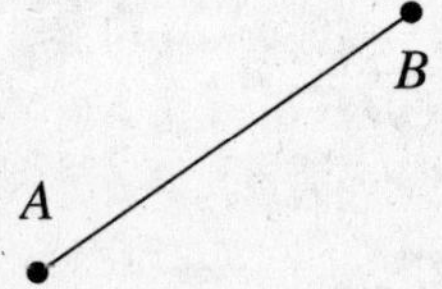

**Traza un segmento congruente.**

**3.**

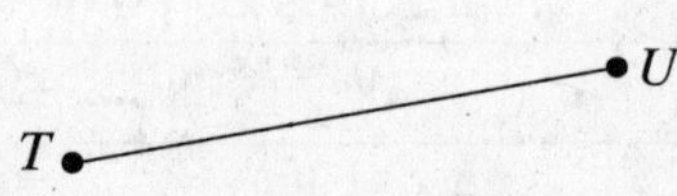

**4.**

**Traza cada ángulo o segmento.**

**5.** Dibuja un segmento que mida $\frac{3}{4}$ de $\overline{TU}$.

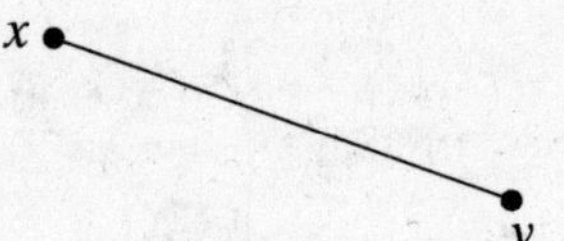

**6.** Dibuja la mediatriz de $\overline{XY}$. Luego, haz que la mediatriz sea congruente con el segmento $\overline{XY}$.

**El punto D es el punto medio de $\overline{BC}$. Completa.**

**7.** $\overline{BC} = 10$ pulg, $\overline{CD} = $ _______

**8.** $\overline{DC} = 9$ mm, $\overline{BD} = $ _______

**9.** $\overline{BD} = 2$ cm, $\overline{BC} = $ _______

**10.** $\overline{BC} = 12$ yd, $\overline{DC} = $ _______

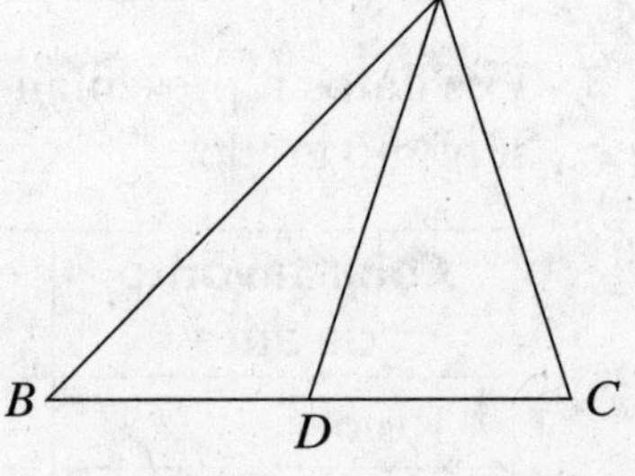

# Práctica 8-1



**Estima el perímetro de cada figura. La longitud de un lado de cada cuadrado representa 1 yd.**

**1.** 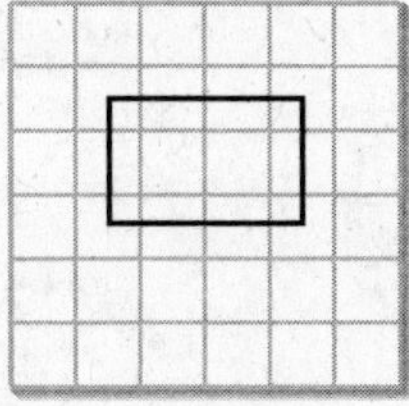

**2.** 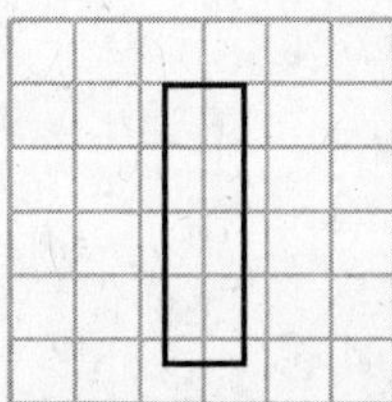

**3.** 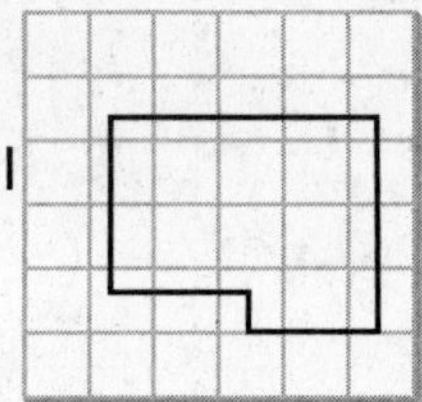

**4.** 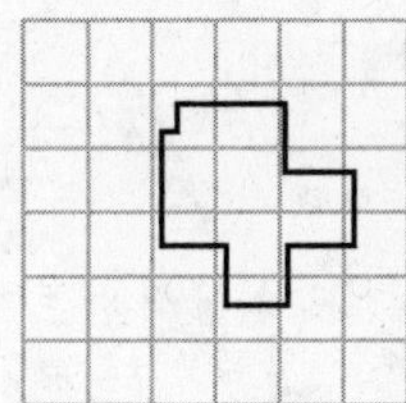

**Elige una estimación razonable. Explica tu elección.**

**5.** altura de la cabina de un camión: 12 pulg o 12 pies _______________________

**6.** ancho de un libro: 8 pulg u 8 pies _______________________

**7.** diámetro de una pizza: 8 pulg u 8 pies _______________________

**8.** profundidad de una bañera: 2 pies o 2 yd _______________________

**Supón que cada cuadrado de las cuadrículas siguientes mida 1 cm por 1 cm. Estima el área de cada figura.**

**9.** 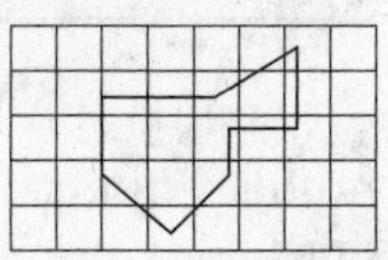

**10.** 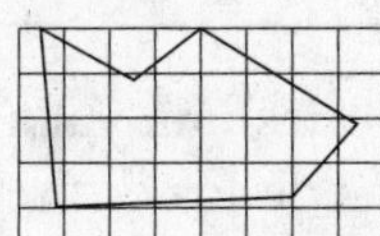

**11.** 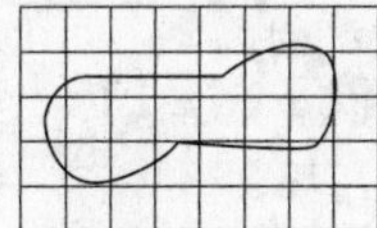

**12.** 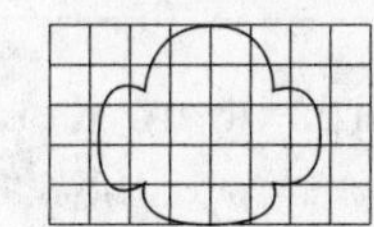

**Escoge de la lista la unidad métrica de medida que usarías para estimar la longitud o área dada.**

**13.** la altura de un árbol: pulg, pie, yd, mi

**14.** el perímetro de la portada de un libro: pulg , pie, yd, mi

**15.** el área de un océano: pie$^2$, yd$^2$, pulg$^2$, mi$^2$

# Práctica 8-2

**Áreas de paralelogramos**

**Calcula el área de cada paralelogramo.**

**1.** 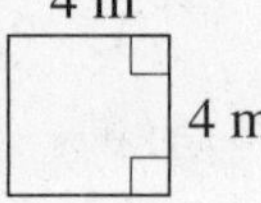


_____________________________

**2.** 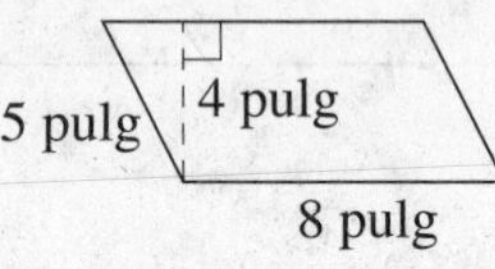


_____________________________

**3.** 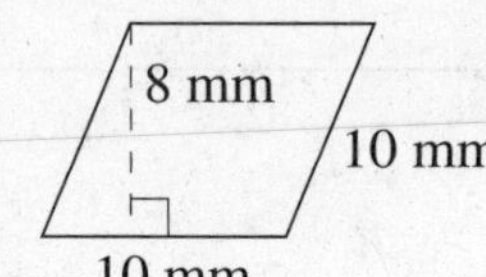


_____________________________

**4.**


_____________________________

**Calcula el área de cada paralelogramo con base _b_ y altura _h_.**

**5.** $b = 16$ mm, $h = 12$ mm

_____________________________

**6.** $b = 23$ km, $h = 14$ km

_____________________________

**7.** $b = 65$ mi, $h = 48$ mi

_____________________________

**8.** $b = 19$ pulg, $h = 15$ pulg

_____________________________

**Resuelve.**

**9.** El área de un paralelogramo es 6 unidades cuadradas. Tanto la altura como la longitud de la base son números enteros. ¿Cuáles son las alturas y longitudes posibles?

**10.** El perímetro de un rectángulo es 72 m. El ancho del rectángulo es 16 m. ¿Cuál es el área del rectángulo?

**11.** El área de un rectángulo es 288 yd². El perímetro es 68 yardas. Si duplicas la longitud y el ancho, ¿cuáles serán el área y el perímetro del nuevo rectángulo?

**12.** Si tienes una valla de 36 pies, ¿cuáles son las áreas de los diferentes rectángulos que podrías encerrar dentro de la valla? Utiliza sólo dimensiones en números enteros.

# Práctica 8-3

**Perímetro y áreas de triángulos**

**Halla el perímetro de cada triángulo.**

**1.**

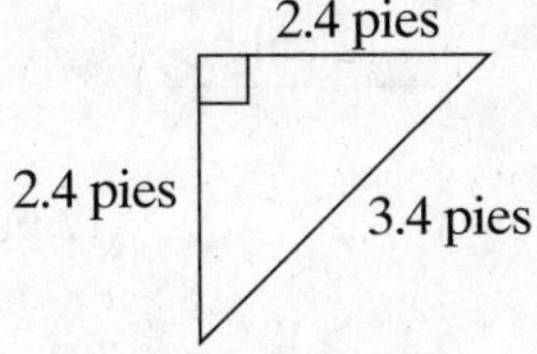


**2.**

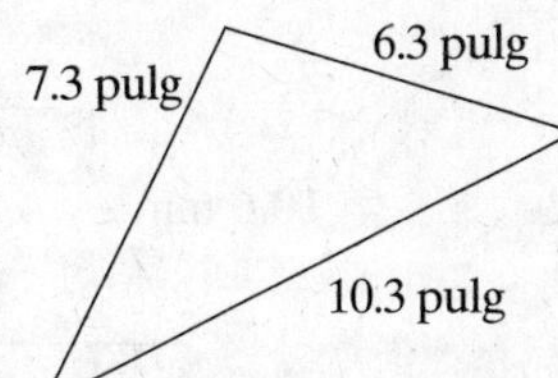


**3.**

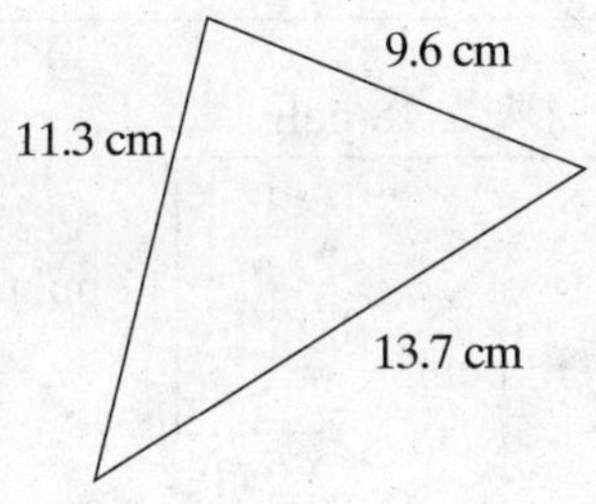


**4.**

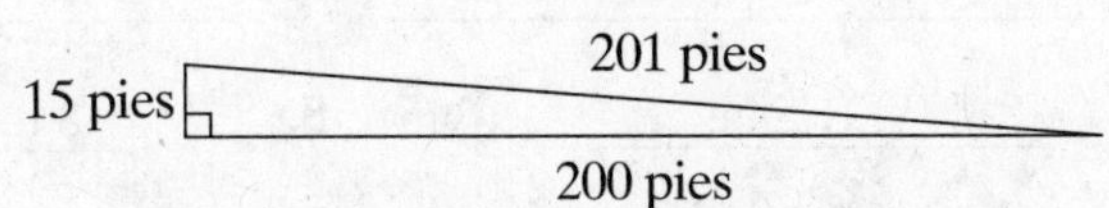


**Halla el área de cada triángulo.**

**5.**

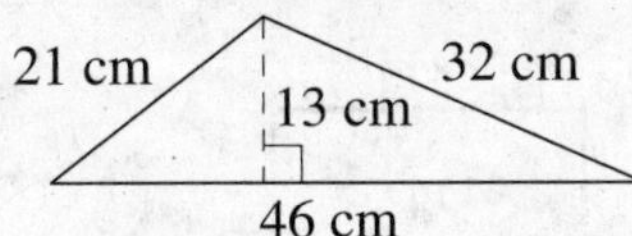


**6.**

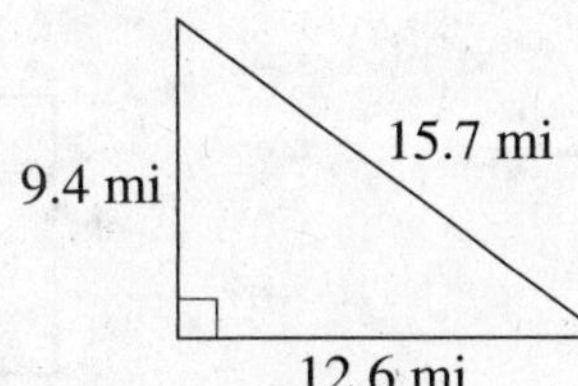


**7.**

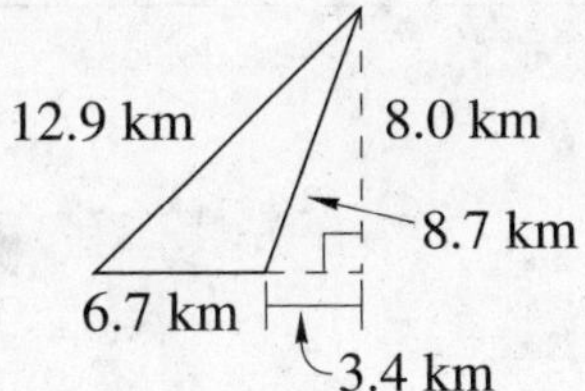


**8.**

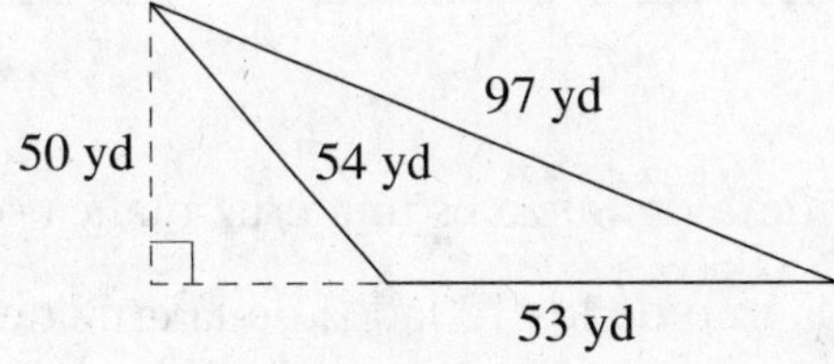


**Resuelve.**

**9.** El perímetro de un triángulo isóceles es 12 pulg. ¿Cuáles son las longitudes posibles de los catetos en números enteros?

_________________

**10.** El lado de un triángulo equilátero tiene una longitud de 5.4 m. La altura de un triángulo es de aproximadamente 4.7 m. ¿Cuál es el perímetro y el área de este triángulo? Redondea tus respuestas a la décima más cercana.

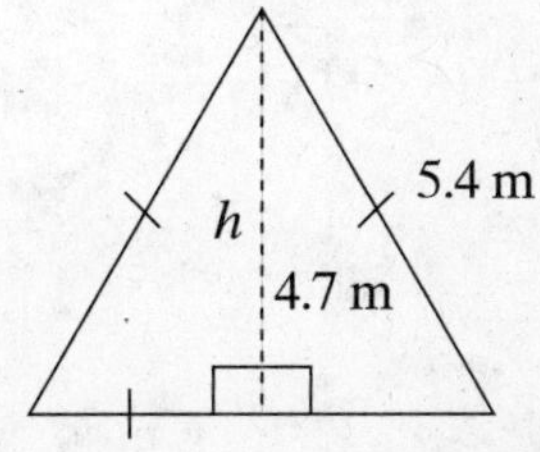


_________________

# Práctica 8-4

**Áreas de otras figuras**

## Calcula el área de cada trapecio.

**1.**
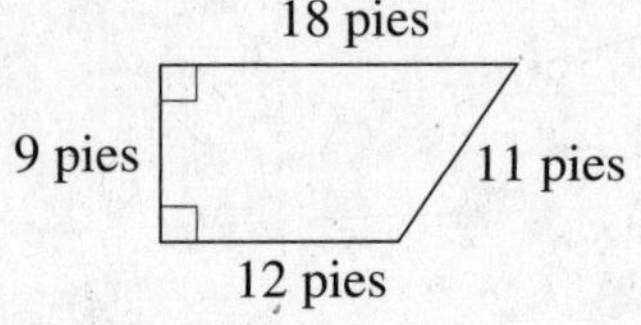


**2.**
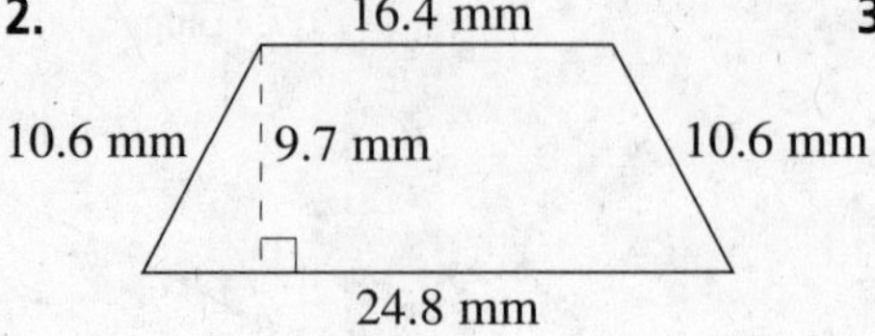


**3.**
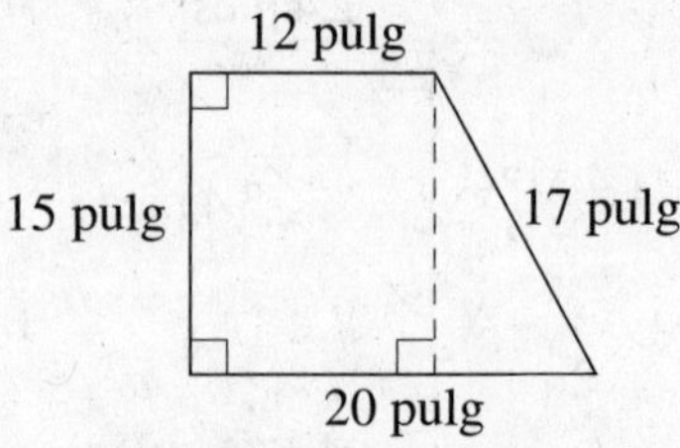


_________________________

**4.**
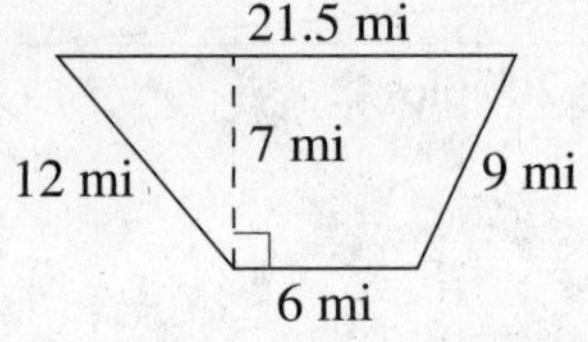


**5.**
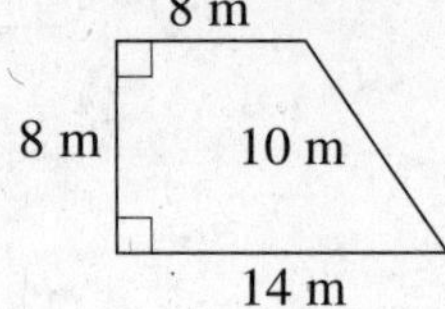


**6.**
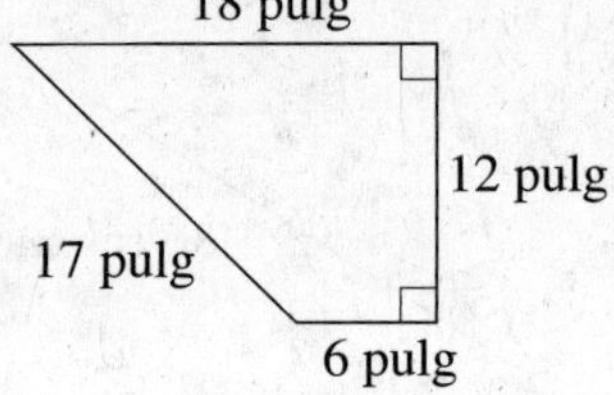


_________________________

## Calcula el área de cada figura irregular.

**7.**
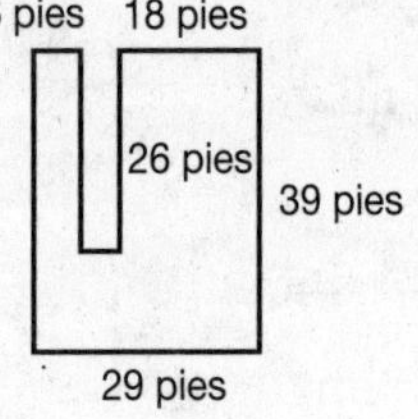


**8.**
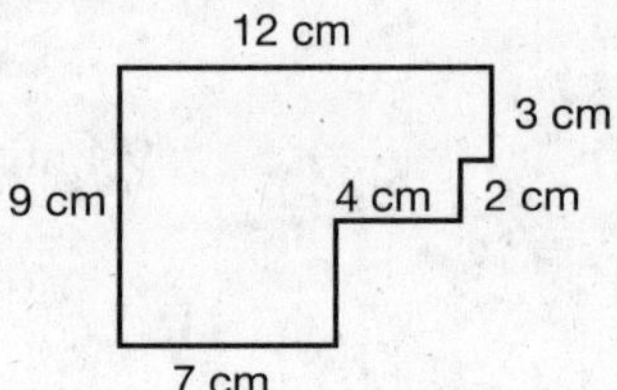


**9.**
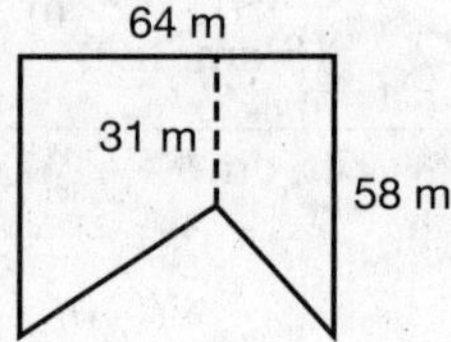


_________________________

## Resuelve.

**10.** La bandera de Suiza es una cruz blanca sobre un fondo rojo.

   **a.** Cada uno de los 12 lados de la cruz tiene una longitud
de 15 cm. Calcula el área de la cruz blanca.

_________________________

   **b.** La bandera mide 60 cm por 60 cm. Calcula
el área de la parte roja.

_________________________

**11.** Un trapecio tiene un área de 4 unidades cuadradas, y una
altura de 1 unidad. ¿Cuáles son las posibles longitudes en
números enteros de las bases?

_________________________

# Práctica 8-5

**Circunferencias y áreas de círculos**

**Calcula la circunferencia y el área de cada círculo. Redondea tu respuesta a la décima más cercana.**

**1.** 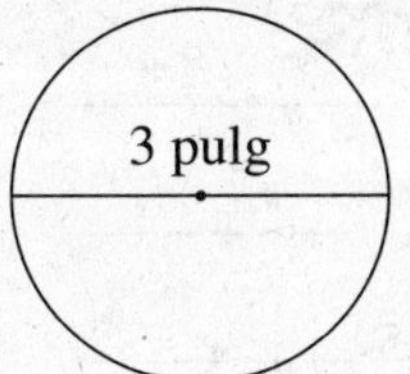


**2.** 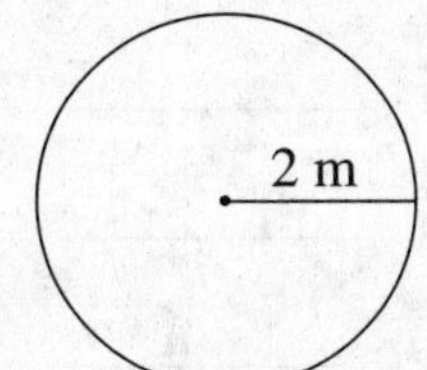


**3.** 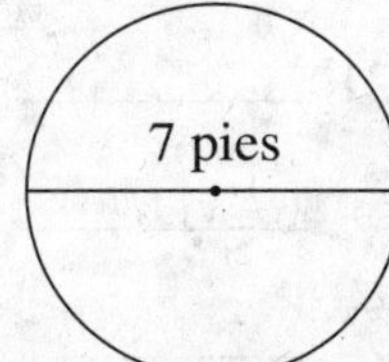


________________________

**4.** 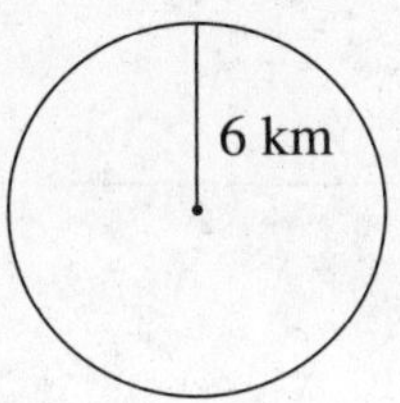


**5.** 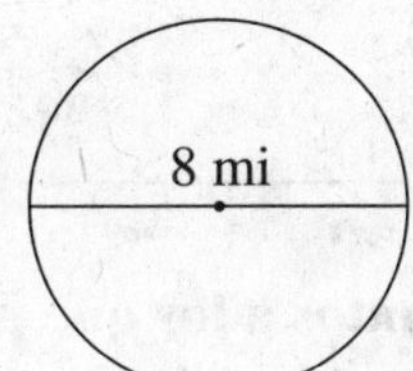


**6.** 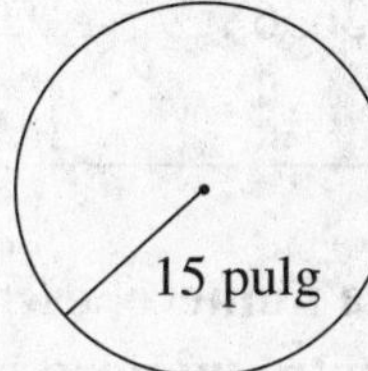


________________________

**7.** 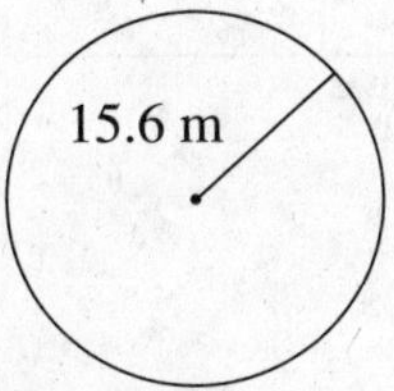


**8.** 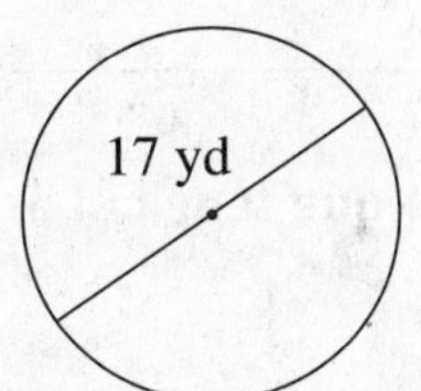


**9.** 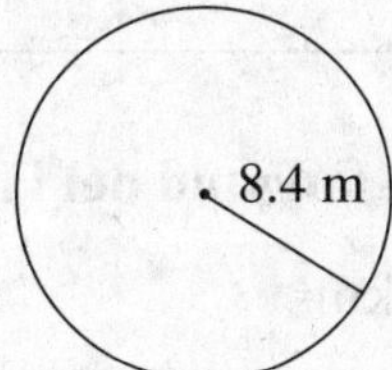


________________________

**Estima el radio de cada círculo según la circunferencia dada. Redondea tu respuesta a la décima más cercana.**

**10.** 80 km          **11.** 92 pies          **12.** 420 pulg

____________     ____________     ____________

**13.** En el diagrama de la derecha, el radio del círculo mayor mide 8 pulg. El radio de los círculos más pequeños mide 1 pulgada. Halla el área de la zona sombreada redondeando a la unidad cuadrada más cercana.

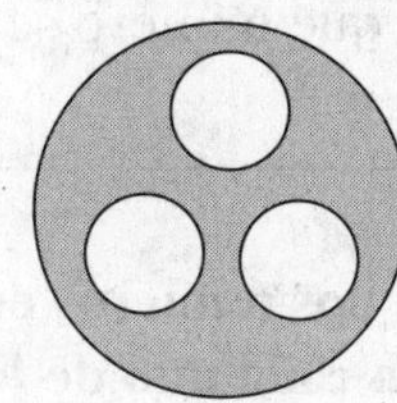

____________________________________________

# Práctica 8-6

Raíces cuadradas y números irracionales

**Simplifica cada raíz cuadrada.**

**1.** $\sqrt{64}$ _________

**2.** $\sqrt{81}$ _________

**3.** $\sqrt{100}$ _________

**4.** $\sqrt{121}$ _________

**5.** $\sqrt{1}$ _________

**6.** $\sqrt{36}$ _________

**7.** $\sqrt{25}$ _________

**8.** $\sqrt{16}$ _________

**9.** $\sqrt{256}$ _________

**10.** $\sqrt{196}$ _________

**11.** $\sqrt{49}$ _________

**12.** $\sqrt{225}$ _________

**Identifica cada número como racional o irracional.**

**13.** $0.363636\ldots$

**14.** $\sqrt{10}$

**15.** $-\frac{1}{9}$

**Para cada número, escribe todos los conjuntos a los que pertenece.
Escoge entre número racional, número irracional y número entero.**

**16.** $\frac{3}{8}$

**17.** $\sqrt{49}$

**18.** $\sqrt{98}$

**Halla la longitud del lado de un cuadrado que tenga el área dada.**

**19.** $64 \text{ km}^2$

**20.** $81 \text{ m}^2$

**21.** $121 \text{ pies}^2$

**22.** $225 \text{ pulg}^2$

**23.** $196 \text{ yd}^2$

**24.** $169 \text{ cm}^2$

**Resuelve.**

**25.** El cuadrado de cierto número
es igual al triple de dicho número.
¿De qué número se trata?

**26.** El área de un jardín cuadrado es $196 \text{ yd}^2$.
¿Cuál es el perímetro del jardín?

**Halla los dos números enteros consecutivos entre los cuales se
encuentra cada uno de los siguientes números.**

**27.** $\sqrt{80}$

**28.** $\sqrt{56}$

**29.** $\sqrt{130}$

**30.** $\sqrt{70}$

**31.** $\sqrt{190}$

**32.** $\sqrt{204}$

# Práctica 8-7

**El teorema de Pitágoras**

**Observa las longitudes dadas para dos lados de un triángulo rectángulo. Halla la longitud del tercer lado redondeando a la décima más cercana.**

**1.** catetos: 5 pies y 12 pies

**2.** catetos: 13 cm y 9 cm

**3.** cateto: 7 m; hipotenusa: 14 m

**Halla la longitud que falta. Redondea a la décima más cercana si es necesario.**

**4.** 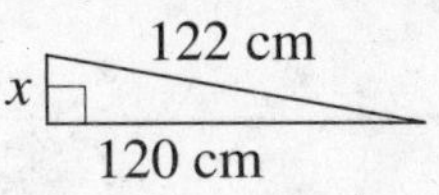


**5.** 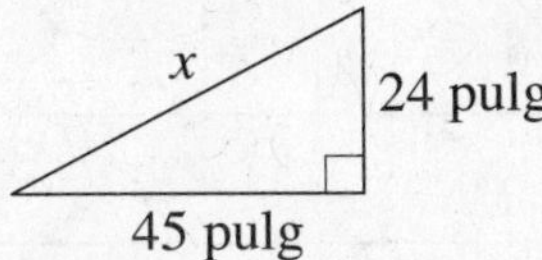


**6.** 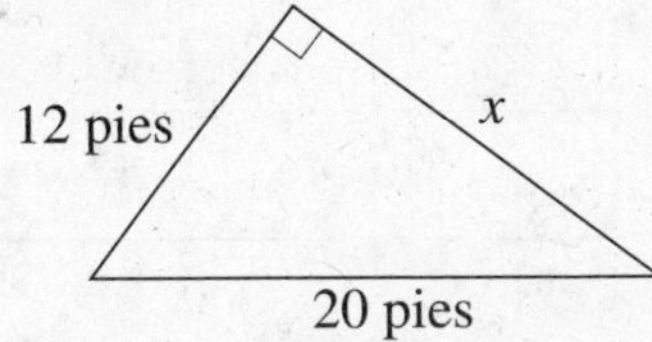


**7.** 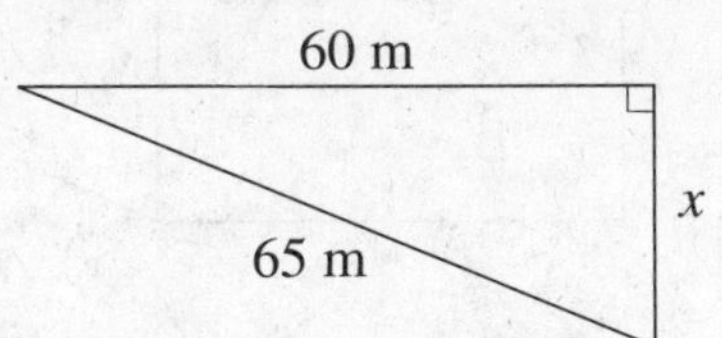


**8.** 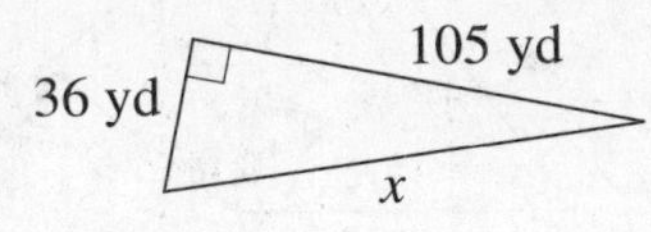


**9.** 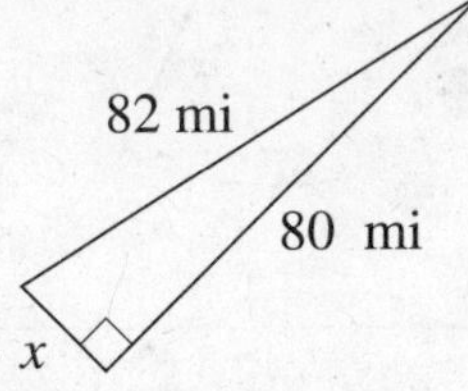


**10.** 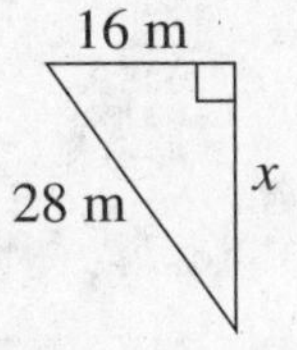


**11.** 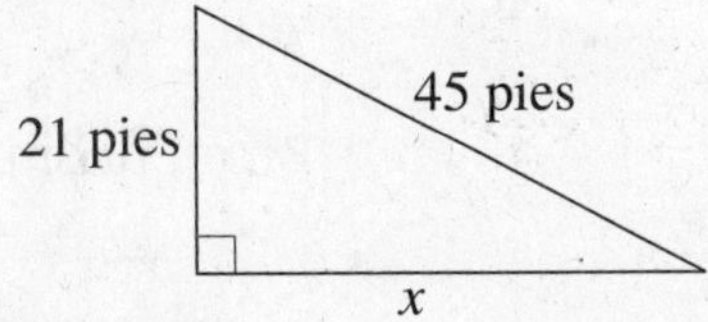


**12.** 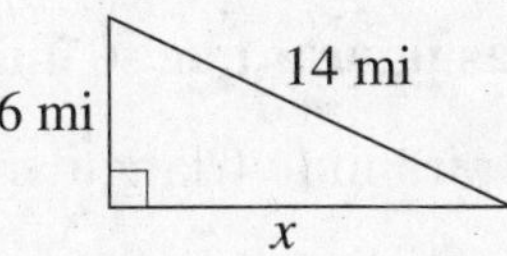


**Resuelve.**

**13.** Un patio de juegos mide 50 yd por 50 yd. Amy recorrió el patio de una esquina a la esquina opuesta. ¿Qué distancia recorrió?

**14 .** Un camión de bomberos tiene una escalera de 70 pies montada a 10 pies del suelo. La base de la escalera está a 40 pies de la pared de un edificio. El extremo superior de la escalera se apoya en el edificio. ¿A qué distancia del suelo se encuentra el extremo superior de la escalera?

# Práctica 8-8

**Figuras tridimensionales**

**Describe la base e indica de qué figura se trata.**

**1.** 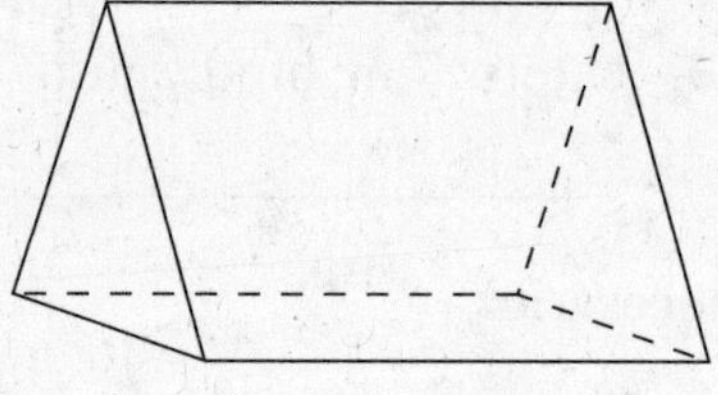

**2.** 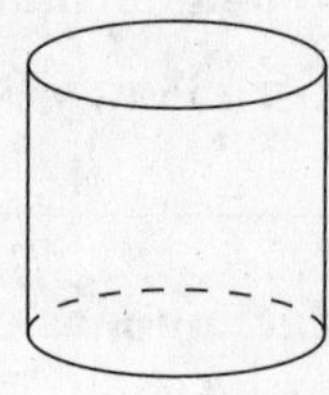

**3.** 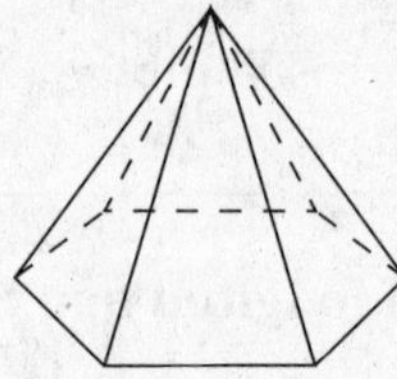

_______________________

_______________________

**4.** 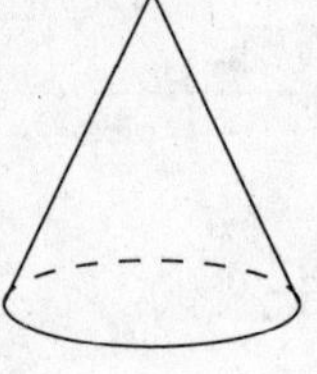

**5.** 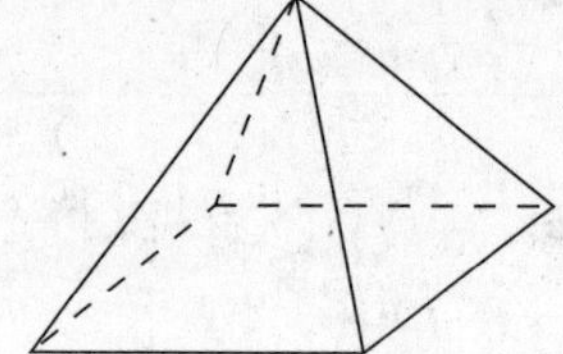

**6.** 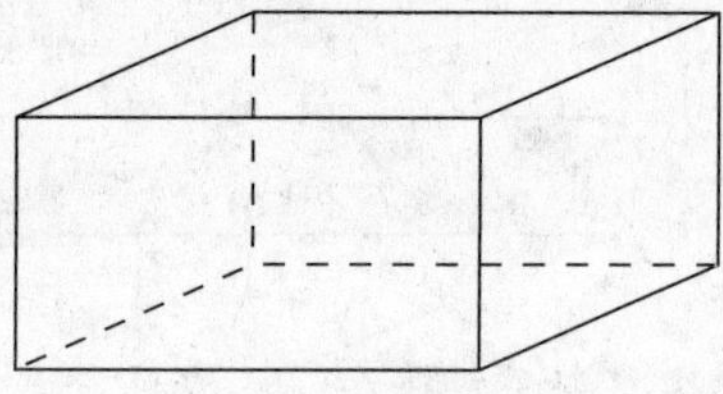

_______________________

_______________________

**Dibuja las figuras que se indican.**

**7.** una pirámide triangular

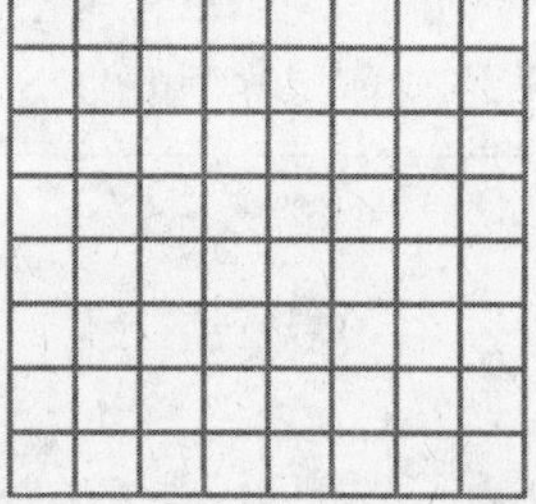

**8.** un prisma cuadrangular

**9.** un cono

**10.** una pirámide pentagonal

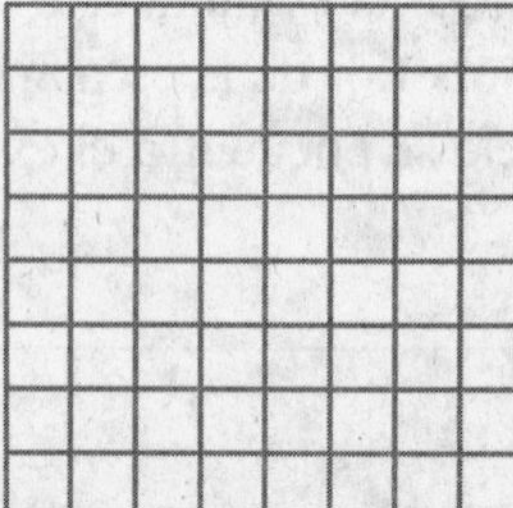

# Práctica 8-9

Áreas totales de prismas y cilindros

**Calcula el área total de cada prisma.**

1.
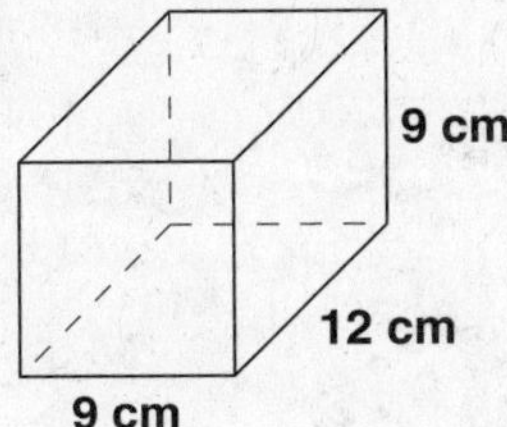


_______________________

2.
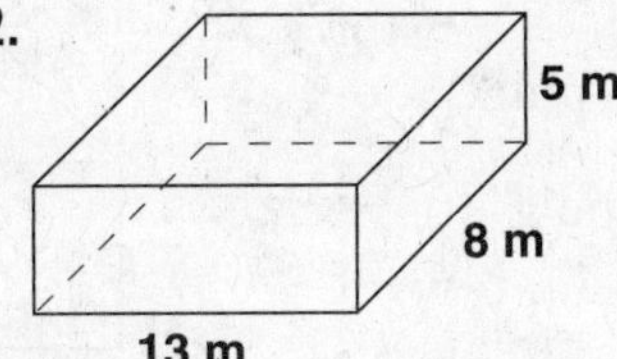


_______________________

3.
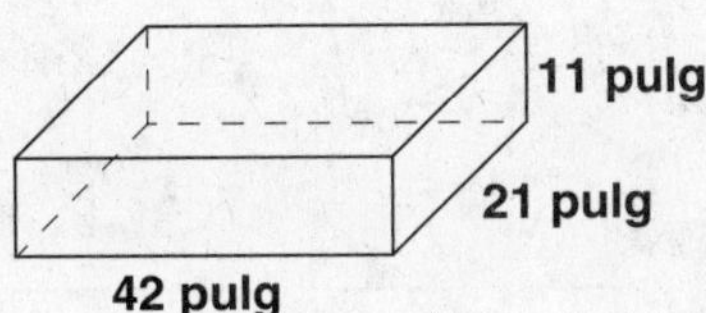


_______________________

4.
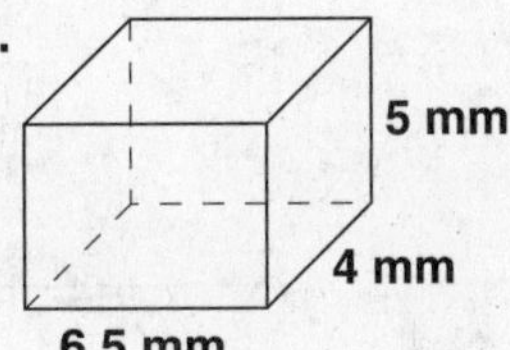


_______________________

**Calcula el área total de cada cilindro. Redondea a la unidad más cercana.**

5.
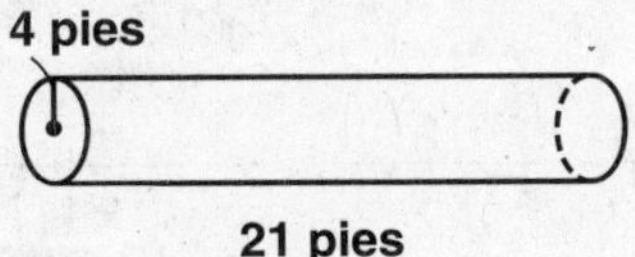


_______________________

6.
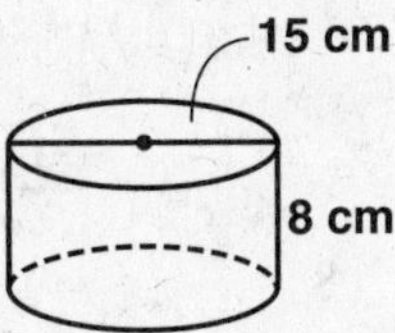


_______________________

7.
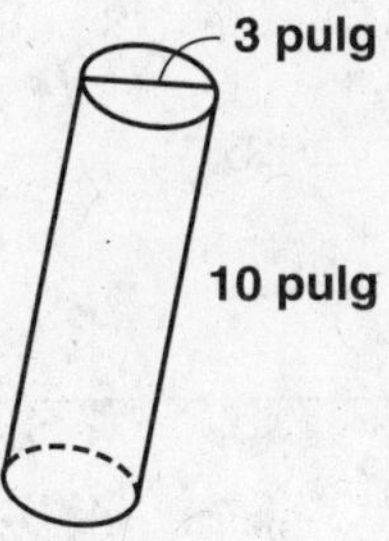


_______________________

8.
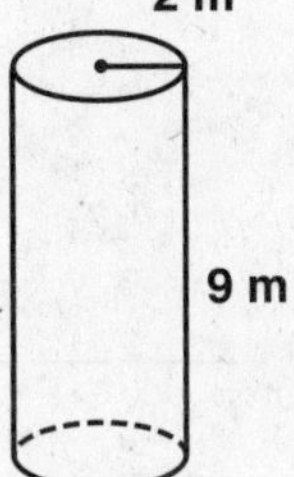


_______________________

**Dibuja una plantilla para cada figura tridimensional.**

9.
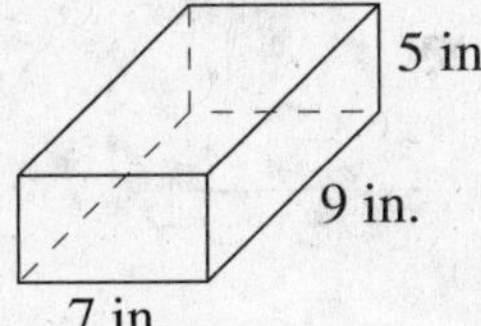


10.
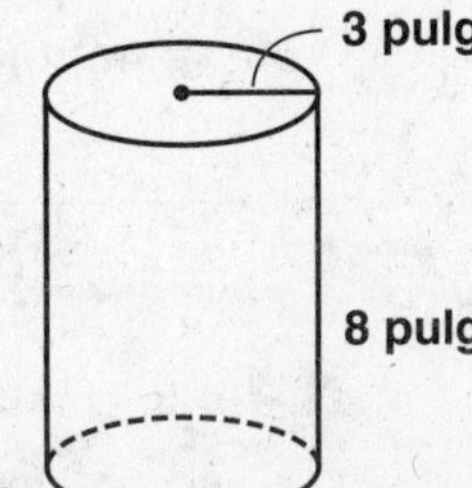

# Práctica 8-10

**Volúmenes de prismas rectangulares y cilindros**

**Calcula cada volumen. Redondea a la unidad cúbica más cercana.**

**1.** 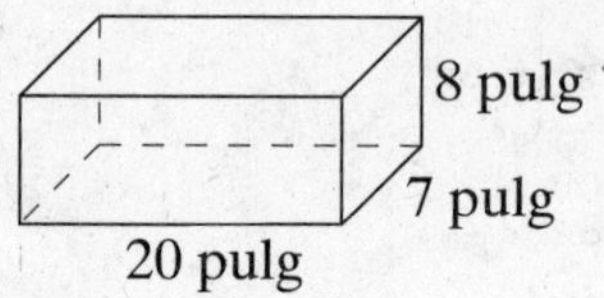


**2.** 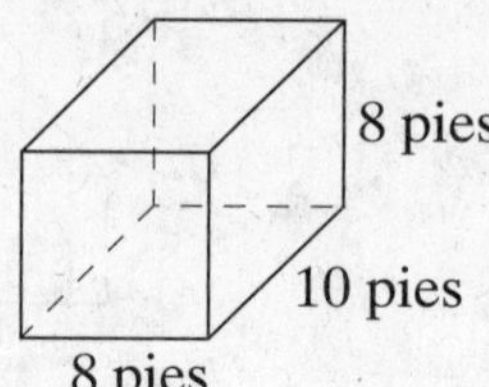


**3.** 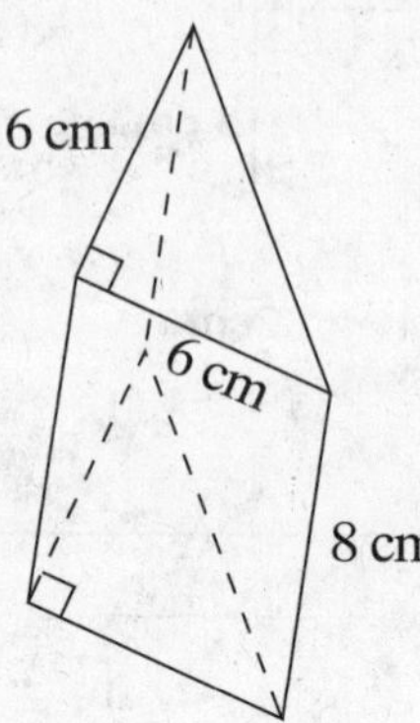


_________________

**4.** 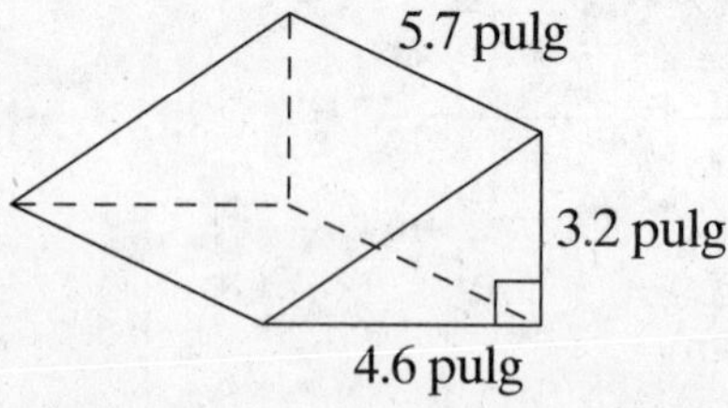


**5.** 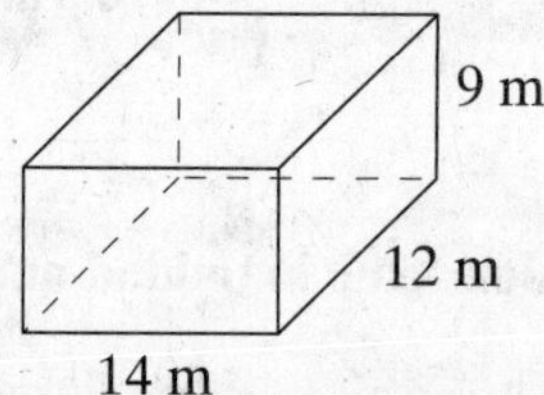


**6.** 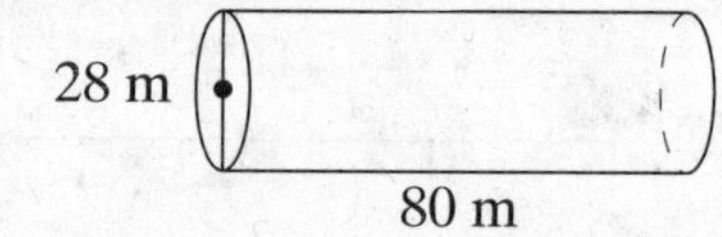


_________________

**7.** 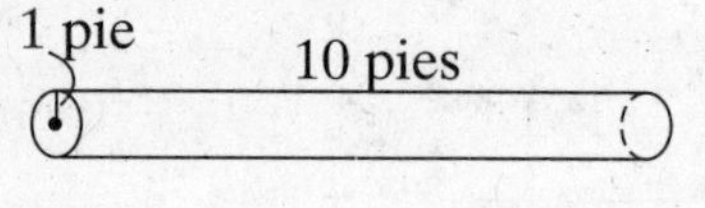


**8.** 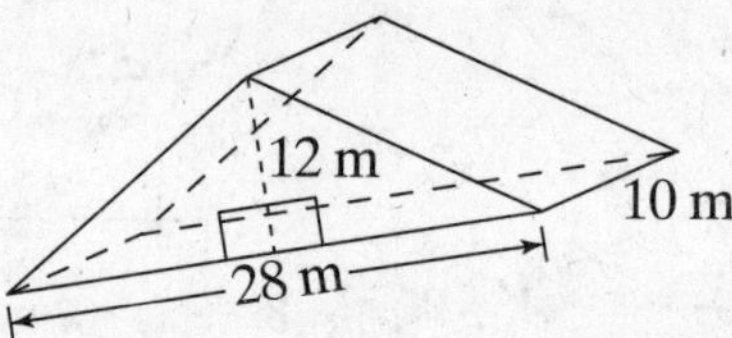


**9.** 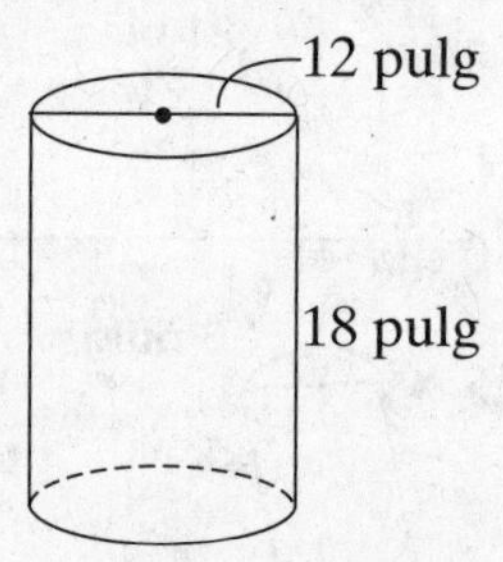


_________________

**Halla la altura de cada prisma rectangular dados el volumen, la longitud y el ancho.**

**10.** $V = 122{,}500 \text{ cm}^3$
$l = 50$ cm
$a = 35$ cm

**11.** $V = 22.05 \text{ pies}^3$
$l = 3.5$ pies
$a = 4.2$ pies

**12.** $V = 3{,}375 \text{ m}^3$
$l = 15$ m
$a = 15$ m

Nombre _______________________ Clase _______________ Fecha _______________

# Práctica 9-1



1. La tabla muestra los precios de los paquetes que contienen discos CD grabables. Haz una gráfica con los datos de la tabla.

| Numero CD | 10 | 20 | 50 | 100 | 200 |
|-----------|----|----|----|-----|-----|
| Precio ($) | 10 | 15 | 25 | 40 | 75 |

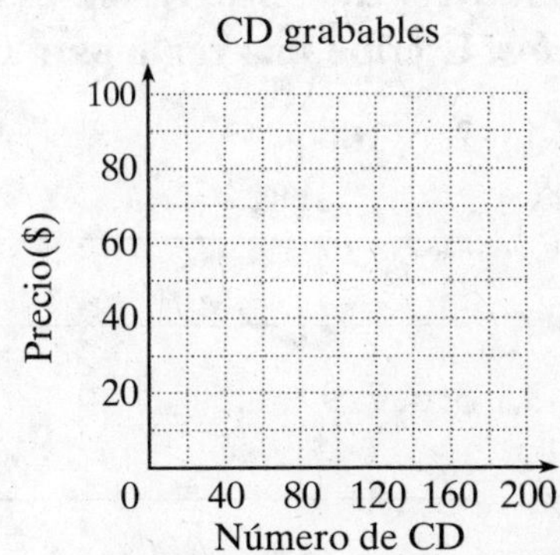


La gráfica muestra los ingresos medios en 2005 de algunos trabajadores permanentes y el número de años de estudios que cursaron. Se muestra la línea de tendencia. Usa esta gráfica para resolver los ejercicios 2 y 3.

2. Predice los ingresos medios de los trabajadores que han cursado 20 años de estudios.

_______________________________________________

3. ¿Crees que puedes usar esta gráfica para predecir el sueldo medio de los trabajadores que han cursado estudios durante menos de 8 años? Explica tu respuesta.

_______________________________________________

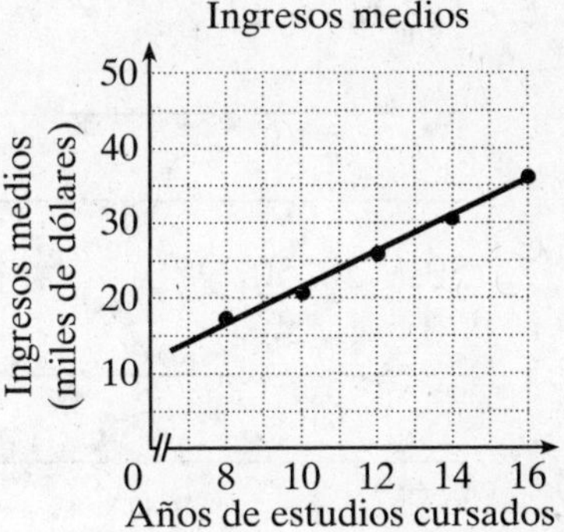


La tabla muestra las temperaturas mensuales promedio de enero y julio de varias ciudades estadounidenses, expresadas en grados Fahrenheit. Aplica esta información para resolver los ejercicios 4 y 5.

| Ciudad | Seattle | Boise | Chicago | LA | Nueva York | Anchorage |
|--------|---------|-------|---------|-----|-----------|-----------|
| Ene. | 39.1 | 29.9 | 21.4 | 56.0 | 31.8 | 13.0 |
| Jul. | 64.8 | 74.6 | 73.0 | 69.0 | 76.4 | 58.1 |

4. Haz una gráfica con los datos que aparecen en la tabla.

5. Usa tu gráfica para calcular la temperatura en julio de una ciudad cuya temperatura promedio en enero es de 10 °F.

_______________________________________________

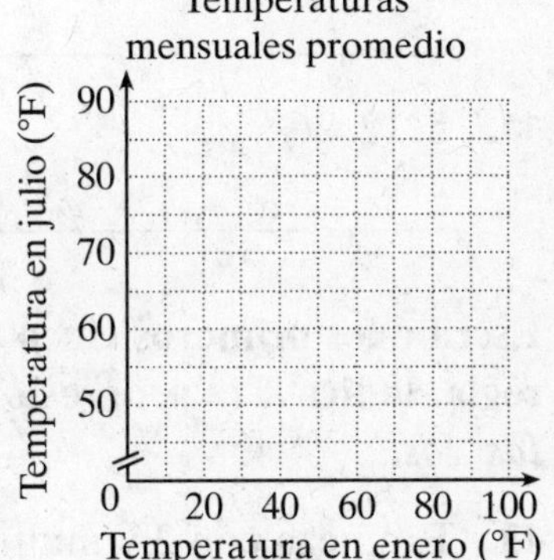

# Práctica 9-2

**Progresiones numéricas**

**Indica si cada progresión es *aritmética, geométrica* o *ninguna de las dos*. Escribe una regla para cada progresión.**

**1.** 2, 6, 18, 54, . . .

**2.** 5, −10, 20, −40, . . .

**3.** 3, 5, 7, 9, . . .

**4.** 5, 6, 8, 11, 15, . . .

**5.** 1, 2, 6, 24, . . .

**6.** 17, 16, 15, 14, . . .

**7.** 50, −50, 50, −50, . . .

**8.** 1, 2, 4, 5, 10, 11, 22, . . .

**Calcula los tres números siguientes de cada progresión.**

**9.** 15, −14, 13, −12, . . .

**10.** 243, 81, 27, . . .

**11.** 5, 12, 26, . . .

**12.** 2, 5, 9, 14, . . .

**Escribe los primeros cinco términos de la progresión que describe la regla. Indica si la progresión es *aritmética, geométrica* o *ninguna de las dos*.**

**13.** Empieza con 2 y multiplica por −3 repetidamente.

**14.** Comienza con 27 y suma −9 repetidamente.

**15.** Comienza con 18 y multiplica por 0.1, luego por 0.2, luego por 0.3, y así sucesivamente.

Nombre _________________________ Clase _______________ Fecha _______________

# Práctica 9-3



**Completa cada tabla.**

**1.**

| Tiempo (h) | 1 | 2 | 3 | 4 | 7 |
|---|---|---|---|---|---|
| Distancia recorrida en bicicleta (mi) | 8 | 16 | 24 | 32 | |

**2.**

| Tiempo (h) | 1 | 2 | 3 | 4 | 7 |
|---|---|---|---|---|---|
| Distancia desde la superficie del agua (yd) | $-3$ | $-2$ | $-1$ | 0 | |

**Escribe una expresión variable para describir la regla de cada progresión. Luego, calcula el $100^{\circ}$ término.**

**3.** 35, 36, 37, . . .

Expresión: _____________

$100^{\circ}$ término: _____________

**4.** 8, 10, 12, 14, . . .

Expresión: _____________

$100^{\circ}$ término: _____________

**Calcula los valores de los números que faltan en cada tabla.**

**5.**

| $m$ | 4 | 6 | | 10 |
|---|---|---|---|---|
| $n$ | 24 | 26 | 28 | |

**6.**

| $p$ | | $p$ | 10 | 14 |
|---|---|---|---|---|
| $q$ | 1 | 13 | 25 | |

**7.** Se representa un patrón de cuadrados. 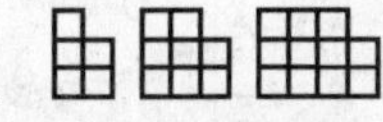

    **a.** Dibuja la 4ª y 5ª figura de este patrón. _____________

    **b.** Haz una tabla en la que compares el número de la figura con el número de cuadrados. Escribe una expresión que describa el número de cuadrados en la figura $n^{\text{a}}$.

    **c.** ¿Cuántos cuadrados habría en la figura 80ª? _____________

**Escribe una expresión variable para describir la regla de cada progresión. Luego, calcula el $20^{\circ}$ término.**

**8.** 6, 12, 18, 24, . . .

Expresión: _____________

$20^{\circ}$ término _____________

**9.** 3, 6, 9, 12, . . .

Expresión: _____________

$20^{\circ}$ término _____________

**10.** En un mes determinado, el precio promedio de la carne molida es de $2.39 la libra. Aplicando esta relación, haz una tabla que muestre el precio de 1, 2, 3 y 4 libras de carne molida.

# Práctica 9-4

**Reglas de las funciones**

**Usa las reglas de las funciones. Calcula $y$ para $x = 1, 2, 3$ y $4$.**

**1.** $y = 2x$

**2.** $y = x + 4$

**3.** $y = x^2 - 1$

_______________________

_______________________

_______________________

**4.** $y = -2x$

**5.** $y = 3x + 1$

**6.** $y = 8 - 3x$

_______________________

_______________________

_______________________

**7.** $y = 6 + 4x$

**8.** $y = x - 5$

**9.** $y = 2x + 7$

_______________________

_______________________

_______________________

**Escribe una regla para la función que se representa en cada tabla.**

**10.**

| $x$ | $y$ |
|---|---|
| 1 | 6 |
| 2 | 7 |
| 3 | 8 |
| 4 | 9 |

**11.**

| $x$ | $y$ |
|---|---|
| 1 | 4 |
| 2 | 8 |
| 3 | 12 |
| 4 | 16 |

**12.**

| $x$ | $y$ |
|---|---|
| 1 | −6 |
| 2 | −9 |
| 3 | −12 |
| 4 | −15 |

_______________________

_______________________

_______________________

**13.**

| $x$ | $y$ |
|---|---|
| 1 | 5 |
| 2 | 7 |
| 3 | 9 |
| 4 | 11 |

**14.**

| $x$ | $y$ |
|---|---|
| 1 | 4 |
| 2 | 7 |
| 3 | 10 |
| 4 | 13 |

**15.**

| $x$ | $y$ |
|---|---|
| 1 | −1 |
| 2 | −3 |
| 3 | −5 |
| 4 | −7 |

_______________________

_______________________

_______________________

**16.** Una mecanógrafa escribe 45 palabras por minuto.

**a.** Escribe la regla de la función que representa la relación entre
el número de palabras escritas a máquina y el tiempo en el
que se escribieron. _______________________

**b.** ¿Cuántas palabras puede escribir la mecanógrafa en 25 minutos? _______________________

**c.** ¿Cuánto tiempo le llevaría a la mecanógrafa escribir 20,025 palabras? _______________________

# Práctica 9-5



**La gráfica de la derecha muestra la relación que existe entre la distancia y el tiempo de un auto que se maneja a velocidad constante.**

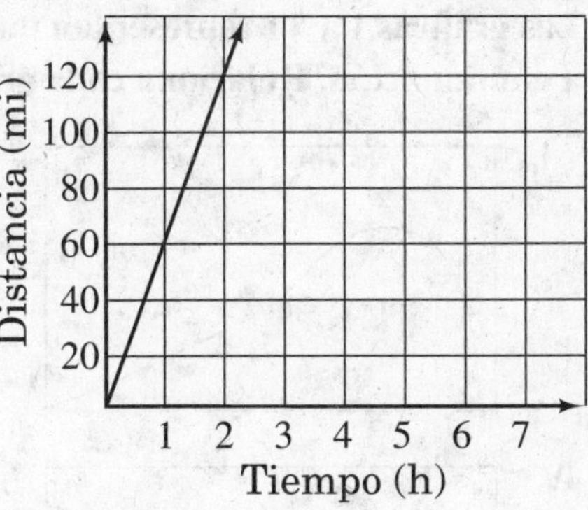

1. ¿Cuál es la velocidad? _______________________

2. ¿Se trata de una relación de función? _______________________

3. Si se trata de una función, escribe una regla para representarla.

   _______________________________________________

4. Haz una tabla para la función, e indica seis pares de entradas/salidas.

**Haz una gráfica de cada función. Usa valores de entrada de 1, 2, 3, 4 y 5.**

5. $y = -\dfrac{1}{2}x$

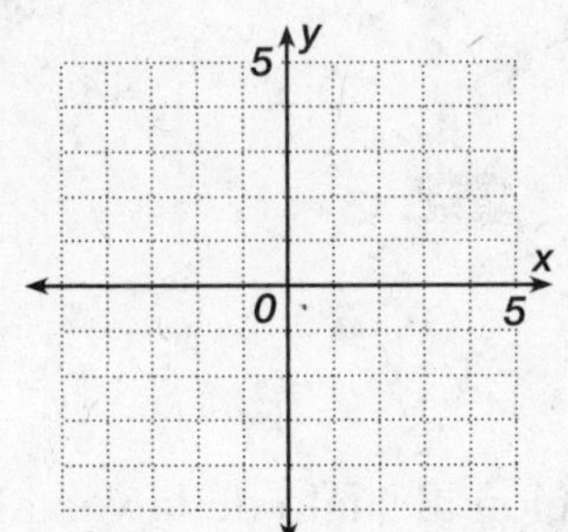

6. $y = -2x + 4$

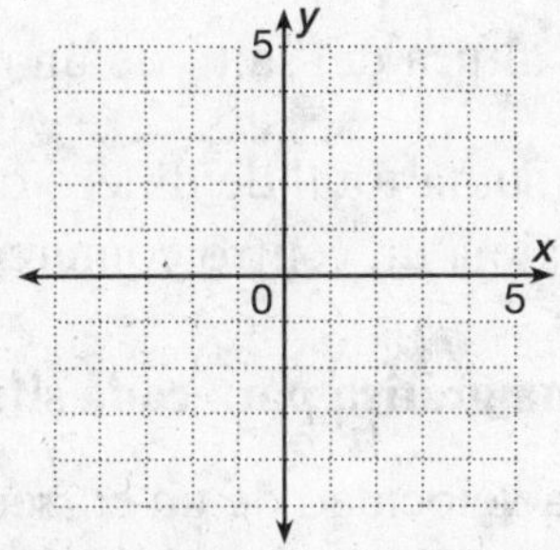

7. En esta tabla se muestra la relación que existe entre la cantidad de tiempo que una cebra corre a máxima velocidad y la distancia que recorre.

| Tiempo (min) | 3 | 6 | 9 | 12 | 15 |
|---|---|---|---|---|---|
| Distancia (mi) | 2 | 4 | 6 | 8 | 10 |

   a. Escribe una ecuación para describir esta relación.

   _______________________________________________

   b. Aplica la ecuación para calcular la distancia que recorrería la cebra en 48 minutos.

   _______________________________________________

# Práctica 9-6

**Interpretar gráficas**

Las gráficas I a VI representan una de las seis situaciones que se describen a continuación. Relaciona cada gráfica con la situación que describe.

I. 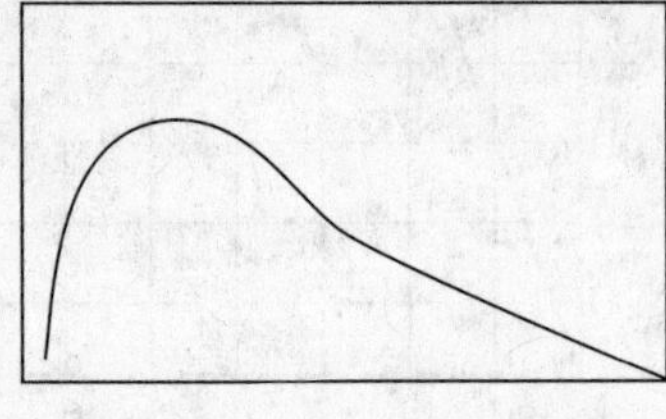

II. 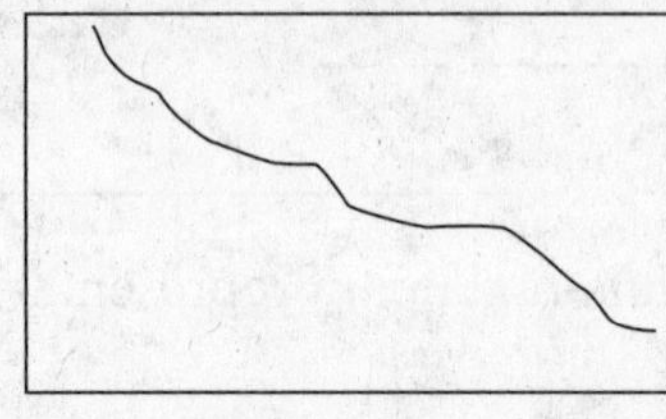

III. 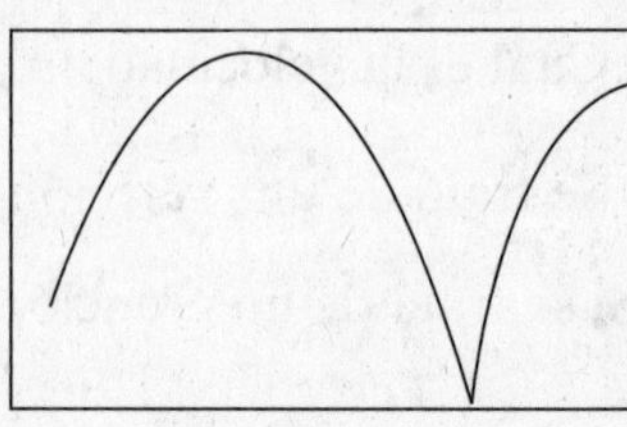

IV. 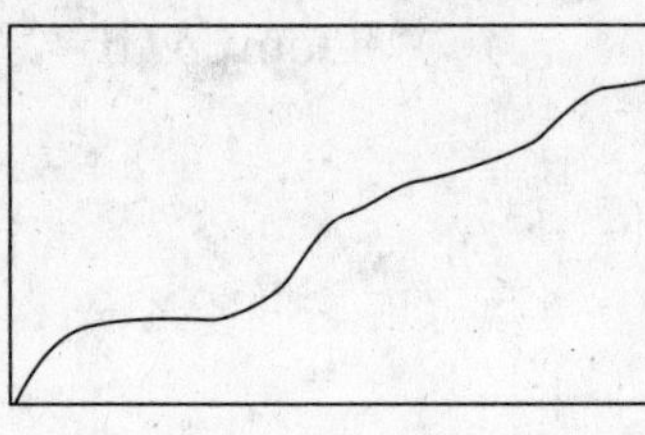

V. 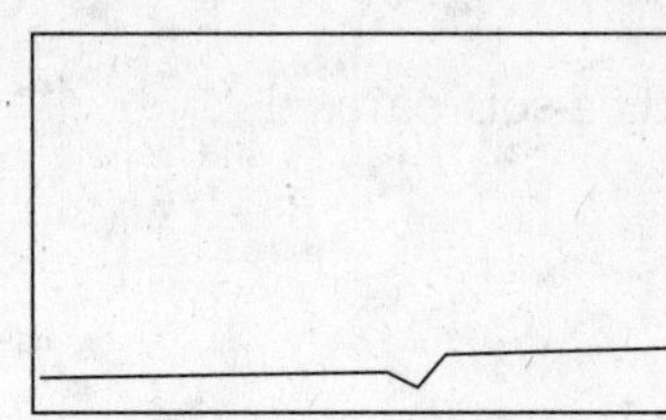

VI. 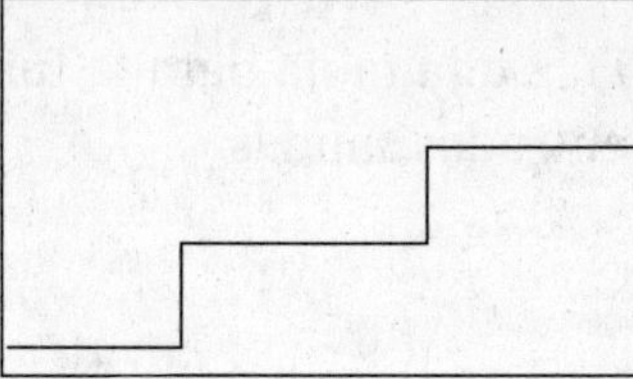

1. la temperatura mientras el tiempo cambia de lluvioso a nevoso _______________

2. el número de peces que se pescan por hora en un mal día de pesca _______________

3. el total de lluvia que cae durante un día lluvioso _______________

4. la velocidad de un carro desde que se pone en marcha en una señal de alto y a medida que se acerca a un semáforo _______________

5. la altura del salto de un grillo _______________

6. la suma total de dinero que se gastó durante un viaje a un centro comercial _______________

**Haz una gráfica para cada situación.**

7. La velocidad de un corredor en una carrera de 1 milla

8. La altura con relación al suelo de la válvula de aire de la rueda de una bicicleta que rueda por un terreno llano (Puedes reproducir esta situación usando una moneda.)

Nombre _______________________ Clase _______________ Fecha _______________

# Práctica 9-7

Interés simple y compuesto

**Representa gráficamente el total del interés *simple* que se ganó en cada cuenta durante 5 años.**

**1.** $1,300 al 6.9%

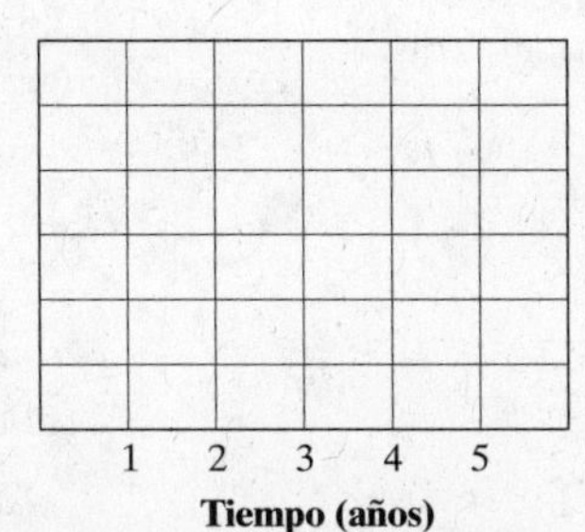


**2.** $11,500 al 12.50%

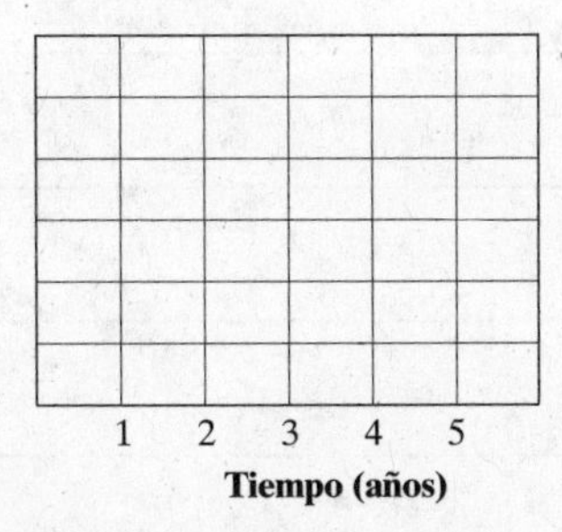


**3.** $450 al 3%

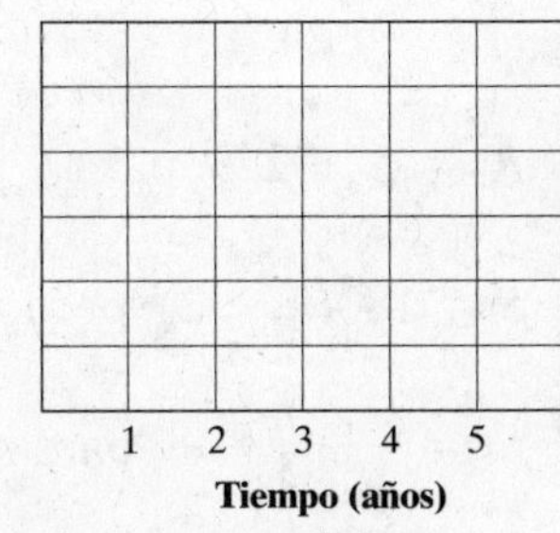


**Calcula el interés simple que ganó cada cuenta.**

**4.** $2,000 al 4% por 6 meses

**5.** $10,000 al 10% por 2 años

**6.** $500 al 3% por 3 meses

**7.** $25,000 al 4.25% por 5 años

**Calcula el saldo de cada cuenta de interés *compuesto*.**

**8.** capital de $800
tasa de interés 6%
9 años

**9.** capital de $5,200
tasa de interés 5%
4 años

**10.** capital de $3,500
tasa de interés 4.5%
10 años

**Resuelve.**

**11.** Pediste $600 prestados. Pagas el 5% de interés compuesto anual. ¿Cuánto debes después de 4 años?

**12.** Depositas $2,000 en una cuenta que da el 6% de interés compuesto anual. ¿Cuánto dinero hay en la cuenta después de 12 años?

**13.** Inviertes $5,000 en una cuenta que da un interés simple. El saldo después de 6 años es de $6,200. ¿Cuál es la tasa de interés?

# Práctica 9-8

**Transformar fórmulas**

**Halla la variable que se indica en cada fórmula.**

**1.** $d = rt$, para $r$  _________________________

**2.** $P = 4s$, para $s$  _________________________

**3.** $K = C + 273$, para $C$  _________________________

**4.** $S = 180(n - 2)$, para $n$  _________________________

**5.** $m = \dfrac{a + b + c}{3}$, para $a$  _________________________

**6.** $P = 2b + 2h$, para $b$  _________________________

**7.** $V = \frac{1}{3}Bh$, para $B$  _________________________

**8.** $A = 2(la + ah + lh)$, para $l$, dados $a = 5$, $h = 3$ y $A = 158$

_________________________

**9.** $C = \frac{5}{9}(F - 32)$, para $F$, dado $C = 25$

_________________________

**10.** $F = ma$, para $m$, dado $a = 9.8$ y $F = 117.6$

_________________________

**Resuelve.**

**11.** En 1989, el patinador de hielo holandés Dries van Wijhe patinó 200 km a una velocidad promedio de 35.27 km/h. ¿Cuánto tiempo estuvo patinando?

_________________________

**12.** Un reparador de techos calcula el precio que ofertará aplicando la fórmula $P = 1.85A + 4.2i$, en la cual $a$ es el área del techo en pies cuadrados y $i$ es la longitud de la imposta expresada en pies. Calcula el área del techo con 190 pies de imposta y un precio de $4,148.

_________________________

Nombre _________________________ Clase _____________ Fecha _____________

# Práctica 10-1
**Representar gráficamente puntos en cuatro cuadrantes**

**Nombra el punto que corresponde con las coordenadas dadas.**

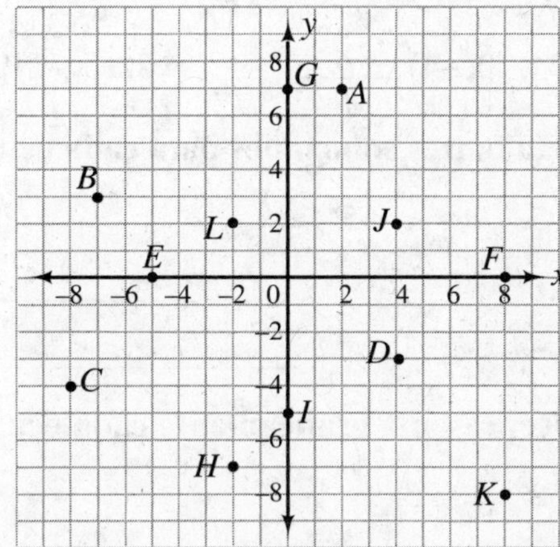

1. $(-2, 2)$ _________   2. $(8, 0)$ _________

3. $(4, -3)$ _________   4. $(-7, 3)$ _________

5. $(0, -5)$ _________   6. $(-8, -4)$ _________

**Escribe las coordenadas de los siguientes puntos.**

7. $E$ _________   8. $A$ _________

9. $H$ _________   10. $K$ _________

11. $G$ _________   12. $J$ _________

**Identifica el cuadrante en el que se encuentra cada punto.**

13. $(-4, 3)$       14. $(7, 21)$       15. $(5, -8)$       16. $(-2, -7)$

_________       _________       _________       _________

17. Los tres vértices de un trapecio son $(0, 6)$, $(-6, -1)$ y $(-6, -6)$. Halla las coordenadas del cuarto vértice que haría de esta figura un trapecio apropiado con un ángulo recto.

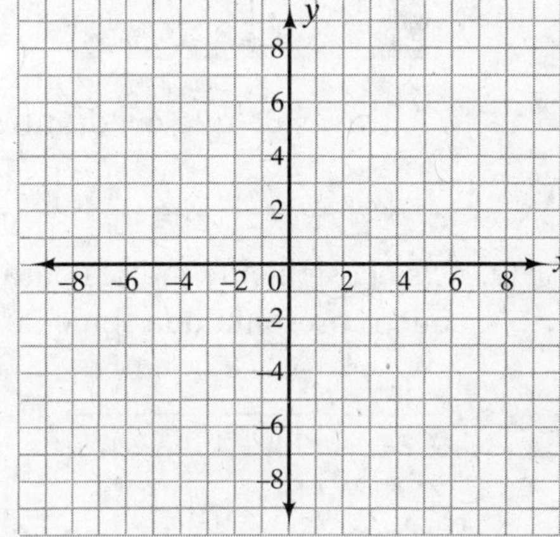

- En la cuadrícula de la derecha, traza los tres vértices y los dos lados.

- Traza el cuarto vértice del trapecio y los otros dos lados. ¿Cuáles son las coordenadas del cuarto vértice?

_________________________________________

**Representa gráficamente cada polígono en la cuadrícula de la derecha. Usa (0, 0) para uno de los vértices y rotula todos los vértices.**

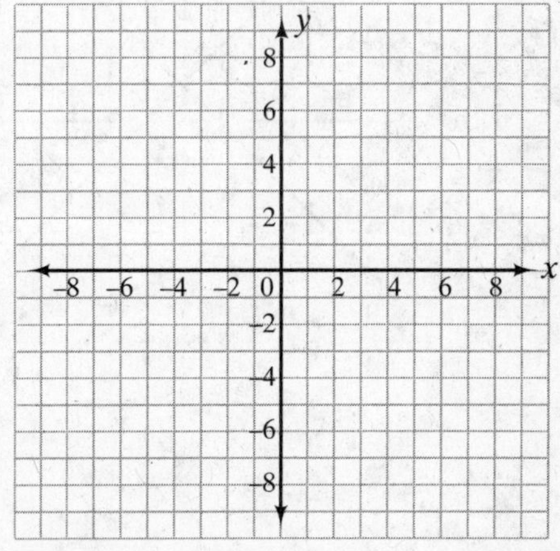

18. un cuadrado con lados de 5 unidades de largo

19. un cuadrado con lados de 4 unidades de largo

20. un rectángulo con longitud horizontal de 5 unidades y longitud vertical de 3 unidades

21. un rectángulo con longitud horizontal de 3 unidades y longitud vertical de 6 unidades

# Práctica 10-2

**Representar gráficamente ecuaciones lineales**

**Determina si cada par ordenado es una solución de $y = x - 4$.**

**1.** $(0, -4)$ _________

**2.** $(5, -1)$ _________

**3.** $(-3, -7)$ _________

**4.** $(-7, -3)$ _________

**Halla tres soluciones para cada ecuación.**

**5.** $y = x + 5$ _________________________________

**6.** $y = -x + 7$ _________________________________

**7.** $y = 2x - 1$ _________________________________

**Representa gráficamente cada ecuación lineal.**

**8.** $y = 3x - 1$

**9.** $y = -2x + 1$

**10.** $y = 2x - 4$

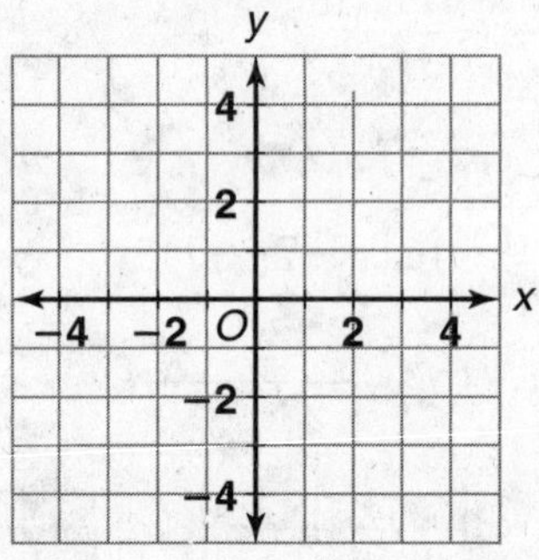
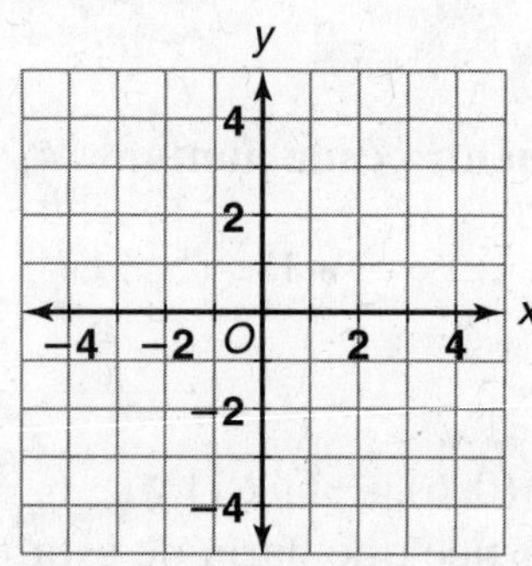
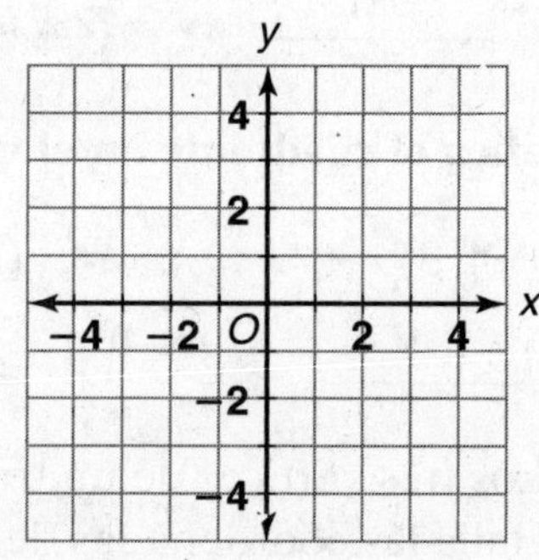

**11.** ¿A través de qué cuadrantes pasa la gráfica de $y = -x$?

_________________________

**12.** Usa la siguiente gráfica para determinar las coordenadas del punto
que representa una solución de las ecuaciones de las rectas $p$ y $q$.

_________________________

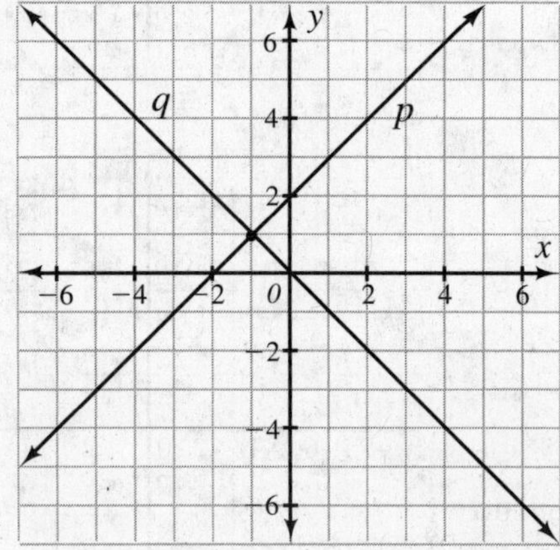

Nombre _______________________ Clase _______________ Fecha _______________

# Práctica 10-3



**Calcula la pendiente de cada recta.**

1. _______________

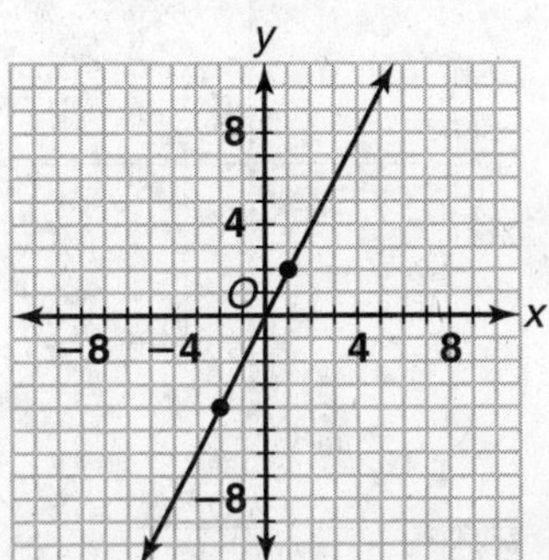

2. _______________

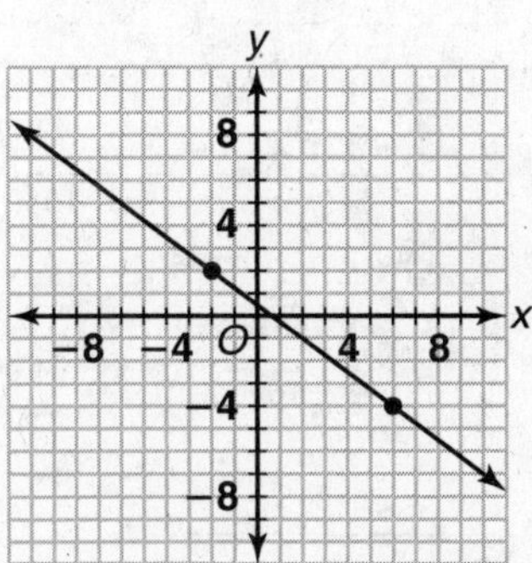

**Usa el plano de coordenadas para representar gráficamente los puntos dados. Calcula la pendiente de la recta a través de los puntos.**

3. $(-4, 6), (8, 4)$ _______________

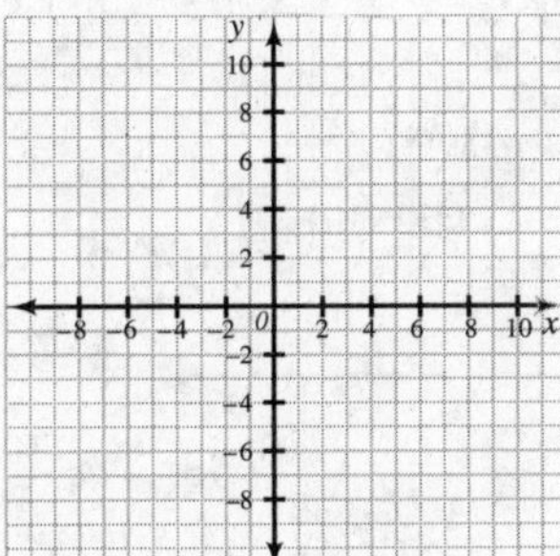

4. $(-1, 3), (4, 6)$ _______________

5. ¿Qué pendiente haría más fácil empujar un carro pesado hacia arriba: $\frac{1}{2}$, $\frac{1}{6}$, 3 ó 5? _______________

6. ¿Qué pendiente es la que probablemente produciría la mayor velocidad al bajar una colina esquiando: $\frac{1}{8}$, $\frac{1}{4}$, 1 ó 2? _______________

7. ¿Qué pendiente de un techo sería la más peligrosa para un reparador de techos: $\frac{1}{16}$, $\frac{1}{10}$, $\frac{1}{2}$ ó $\frac{3}{2}$? _______________

**Dibuja una recta con la pendiente dada a través del punto dado.**

8. $P(5, 1)$, pendiente $= -\frac{1}{3}$

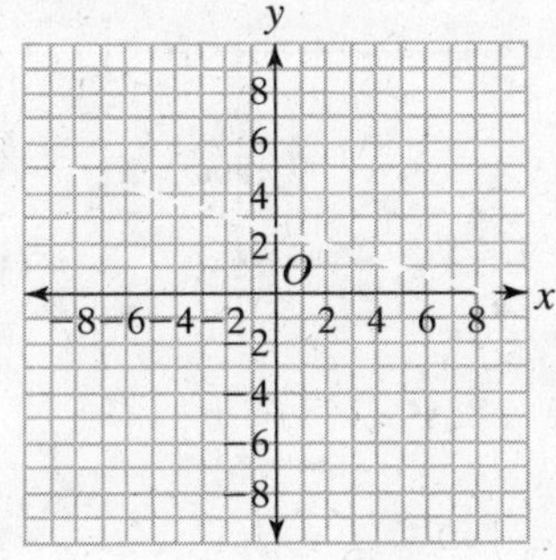

9. $K(-2, 4)$, pendiente $= 3$

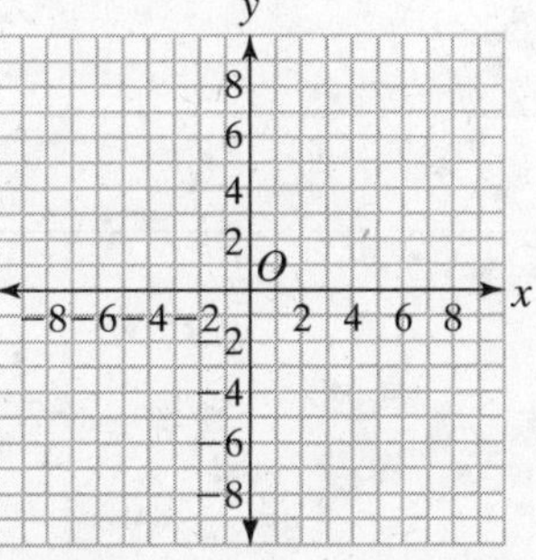

# Práctica 10-4

**Investigar relaciones no lineales**

**Relaciona cada gráfica con una ecuación.**

**1.**
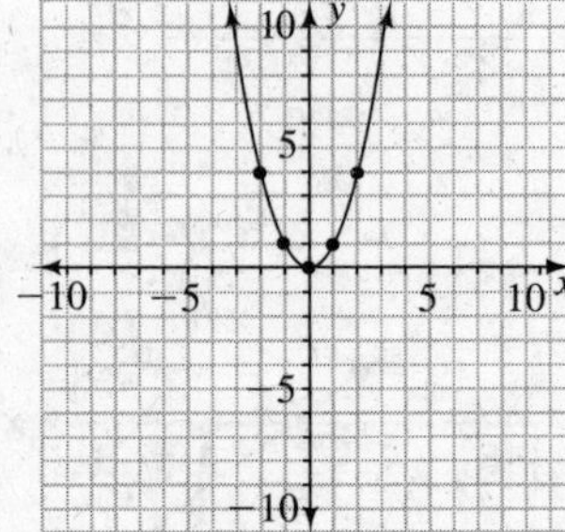

**2.**
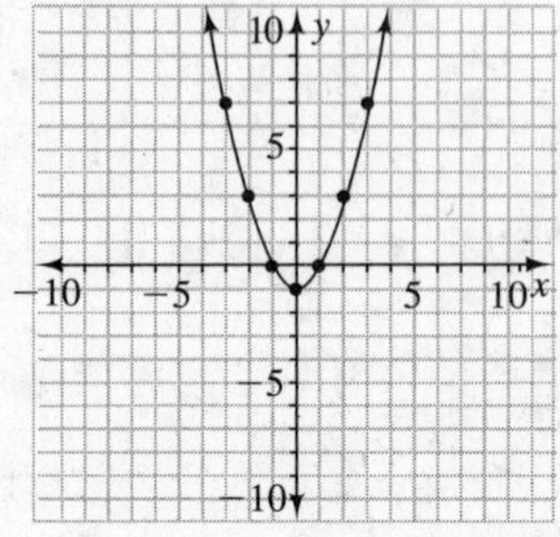

**3.**
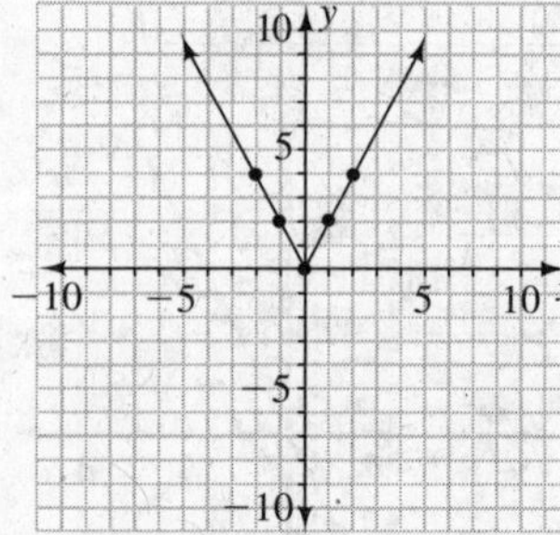

_______________

_______________

_______________

**4.**
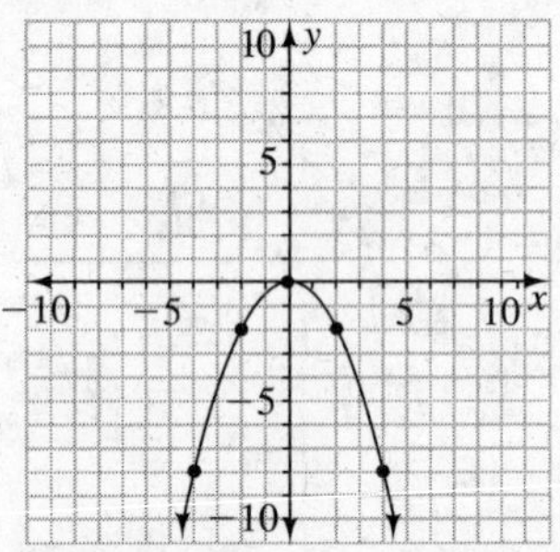

**5.**
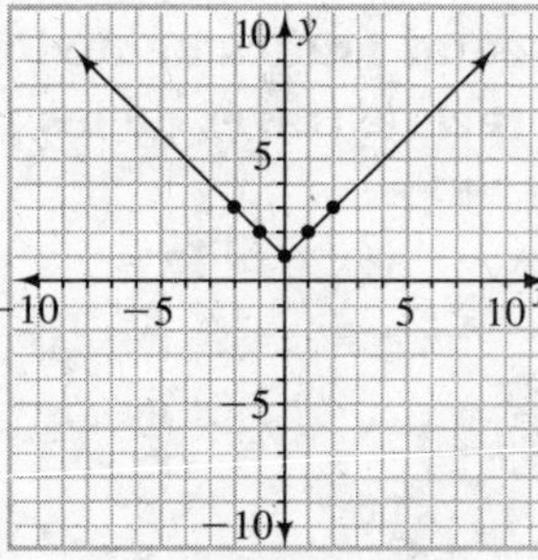

**6.**
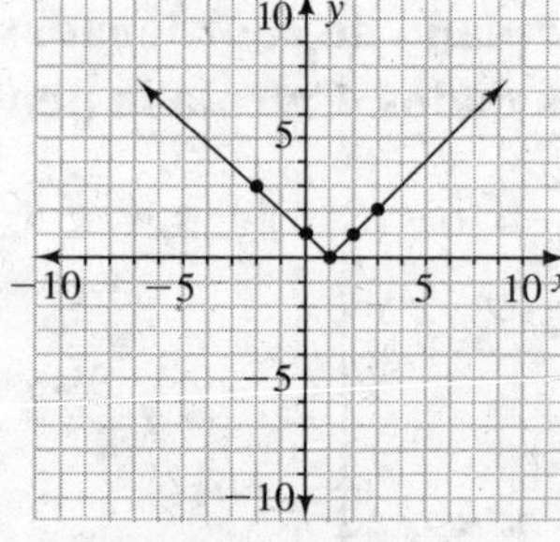

_______________

_______________

_______________

**A.** $y = |x - 1|$

**B.** $y = x^2$

**C.** $y = -\frac{1}{2}x^2$

**D.** $y = |x| + 1$

**E.** $y = |2x|$

**F.** $y = x^2 - 1$

**7. a.** Completa la siguiente tabla para la ecuación $y = x^2 + 2$.

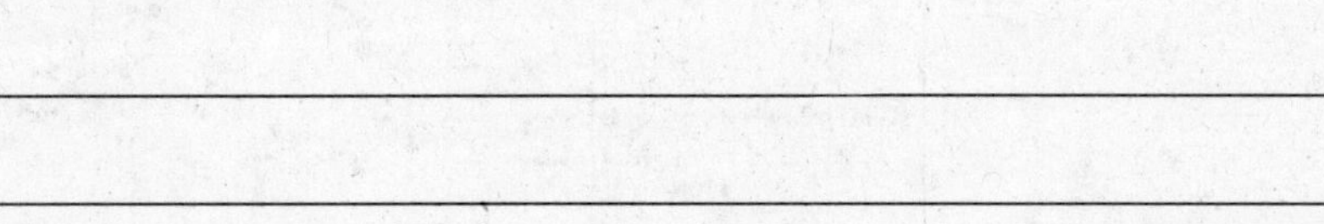

| $x$ | $-3$ | $-2$ | $-1$ | $0$ | $1$ | $2$ | $3$ |
|---|---|---|---|---|---|---|---|
| $y$ | | | | | | | |

**b.** Representa gráficamente los pares ordenados y conecta los puntos de la manera más simple posible.

**c.** Describe en qué se diferencia esta gráfica de la gráfica $y = x^2$.

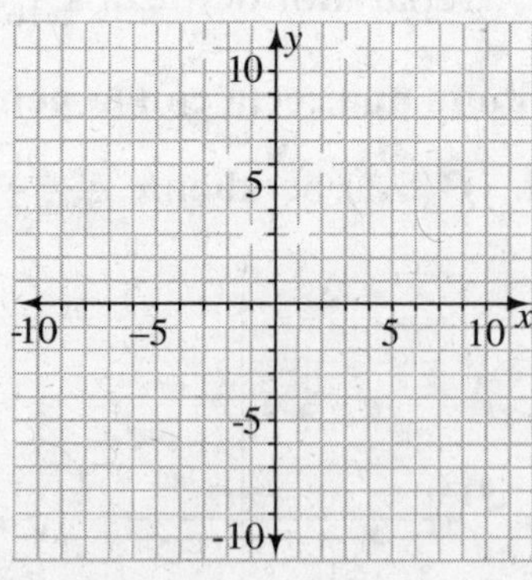

_________________________________________________

_________________________________________________

Nombre _________________________ Clase _________________ Fecha _________________

# Práctica 10-5



**Usa la gráfica que aparece a la derecha para resolver los ejercicios 1 a 3.**

1. Indica las coordenadas del punto $A$ después de trasladarlo hacia abajo 3 unidades. _______________

2. Indica las coordenadas del punto $B$ después de trasladarlo hacia la izquierda 3 unidades. _______________

3. ¿Cuáles son las coordenadas del punto $N$ después de trasladarlo a la derecha 8 unidades y hacia arriba 5 unidades? _______________

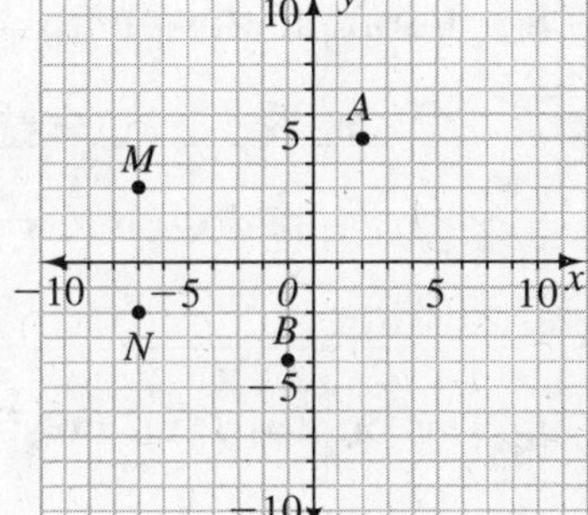

**Representa gráficamente las siguientes traslaciones de $ABCD$. Usa una flecha con marcas para mostrar la traslación.**

4. $A\,(2,1),\,B\,(4,5),\,C\,(7,4),\,D\,(5,-1)$; a la derecha 2 unidades

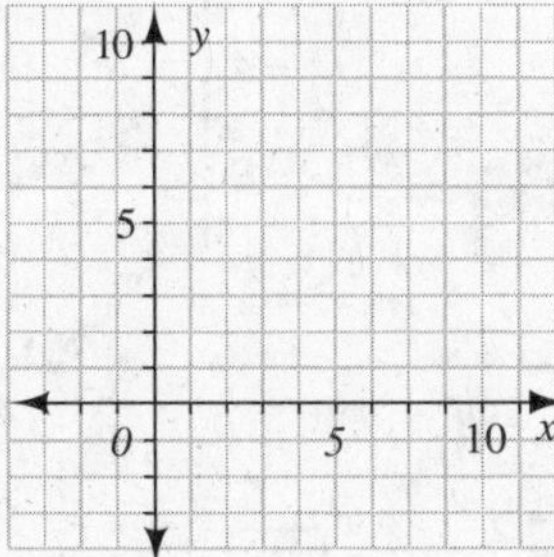

5. $A\,(2,1),\,B\,(4,5),\,C\,(7,4),\,D\,(5,-1)$; hacia abajo 1 unidad, hacia la izquierda 2 unidades

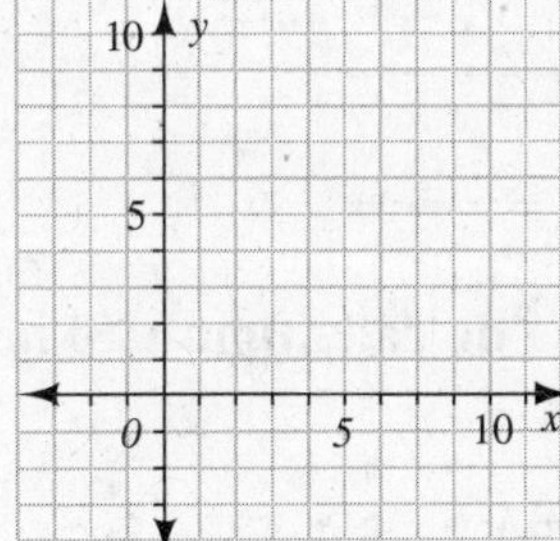

**Escribe la regla para las traslaciones que aparecen en cada gráfica.**

6.

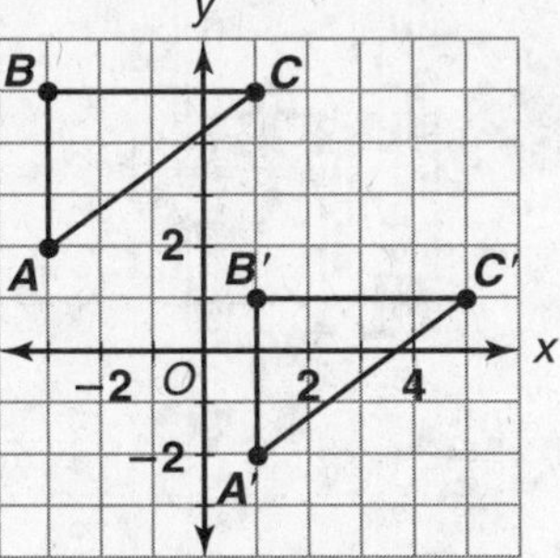

7.

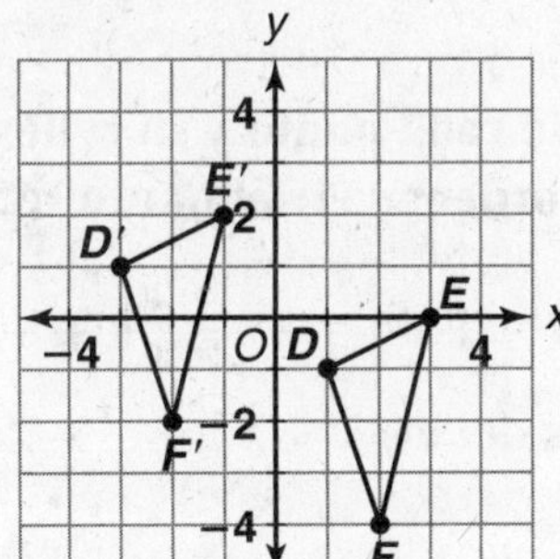

# Práctica 10-6

**Simetría y reflexiones**

**Usa la gráfica que aparece a la derecha para resolver los ejercicios 1 a 3.**

**1.** ¿Para qué dos puntos es el eje $x$ un eje de reflexión?

_______________________

**2.** ¿Para qué dos puntos es el eje $y$ un eje de reflexión?

_______________________

**3.** Los puntos $L$ y $J$ no son reflexiones a través del eje $y$. ¿Por qué?

_______________________________________________

_______________________________________________

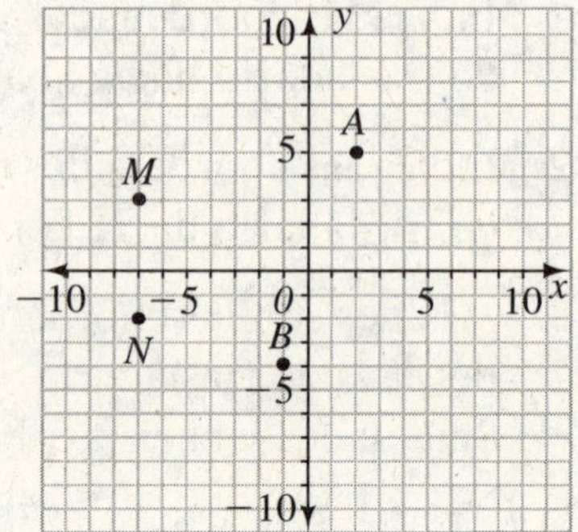

**△ $A'B'C'$ es una reflexión de △ $ABC$ sobre el eje $x$. Dibuja △ $A'B'C'$ y completa cada enunciado.**

**4.** $A(-5, 1) \rightarrow A'(x, y)$ _________

**5.** $B(-1, 5) \rightarrow B'(x, y)$ _________

**6.** $C(6, 2) \rightarrow C'(x, y)$ _________

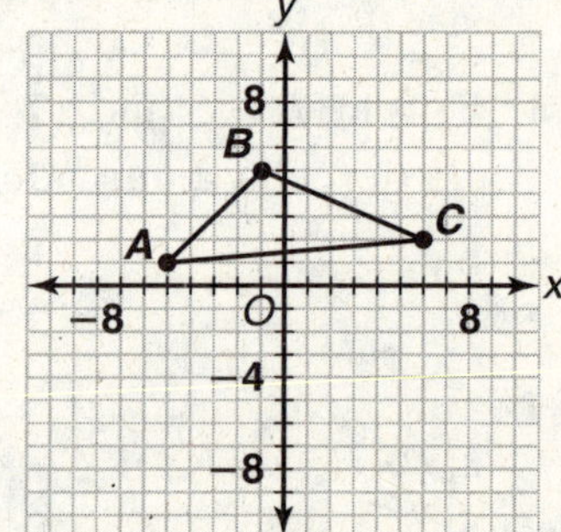

**Dibuja los ejes de simetría de cada figura. Si no existen ejes de simetría, escribe _no existe._**

**7.**

**8.**

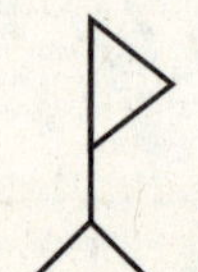

**9.**

**10.**

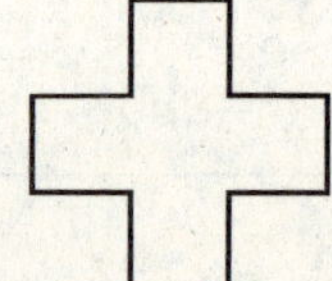

**Representa gráficamente cada punto y su reflexión a través del eje indicado. Escribe las coordenadas del punto reflejado.**

**11.** $V(-3, 4)$ a través del eje $y$ _____________

**12.** $W(-4, -2)$ a través del eje $x$ _____________

**13.** $X(2, 2)$ a través del eje $x$ _____________

**14.** $Y(0, 3)$ a través del eje $x$ _____________

**15.** $Z(4, -6)$ a través del eje $y$ _____________

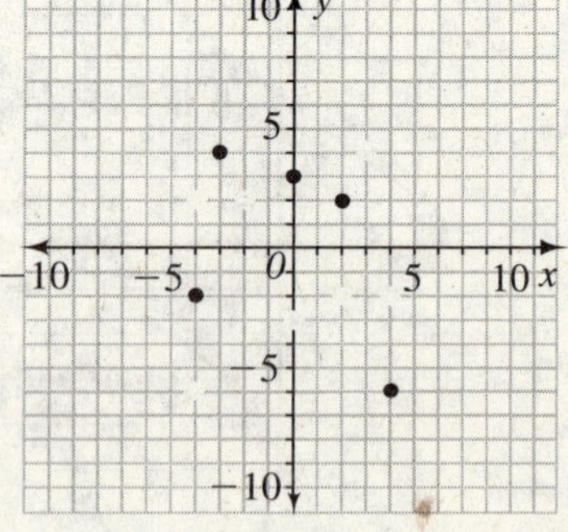

# Práctica 10-7

**Simetría rotacional y rotaciones**

**¿Tienen las siguientes figuras simetría rotacional? Explica tu respuesta.**

**1.** 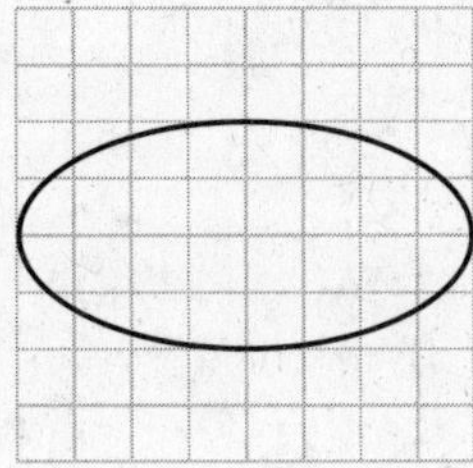

**2.** 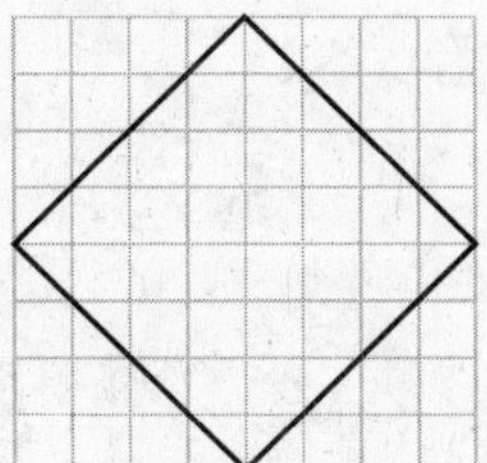

**3.** 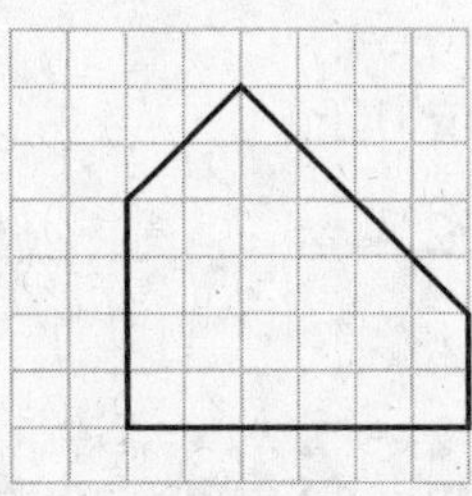

**4.** 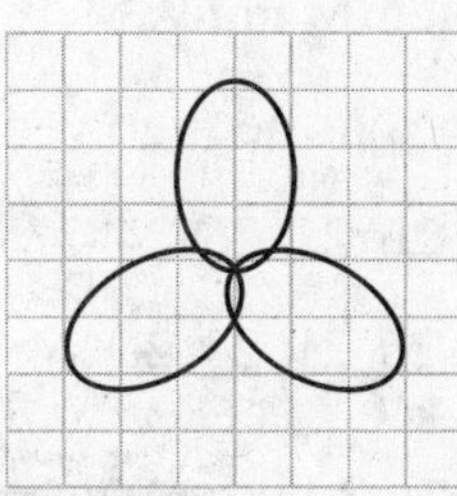

_________  _________  _________  _________

**Dibuja las imágenes de las figuras después de realizarse la rotación indicada alrededor del punto _O_.**

**5.** rotación de 90°

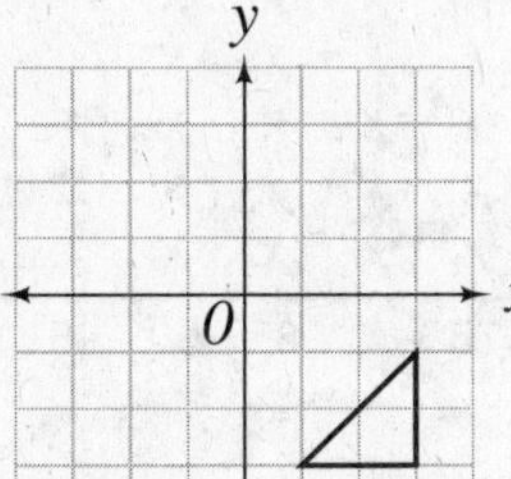

**6.** rotación de 180°

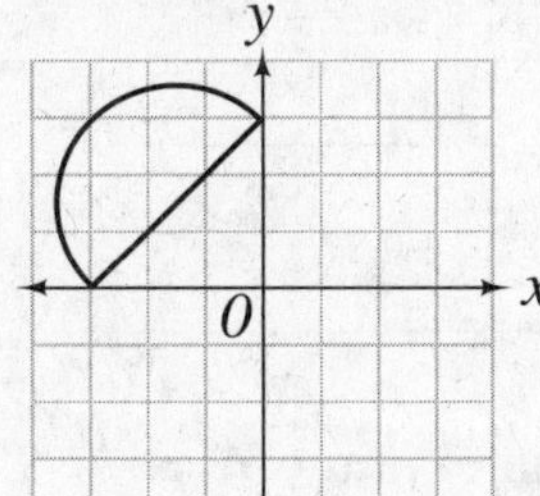

**7.** rotación de 270°

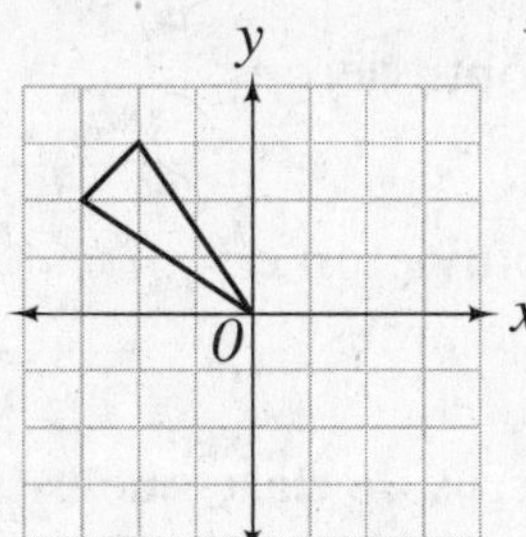

**8.** rotación de 180°

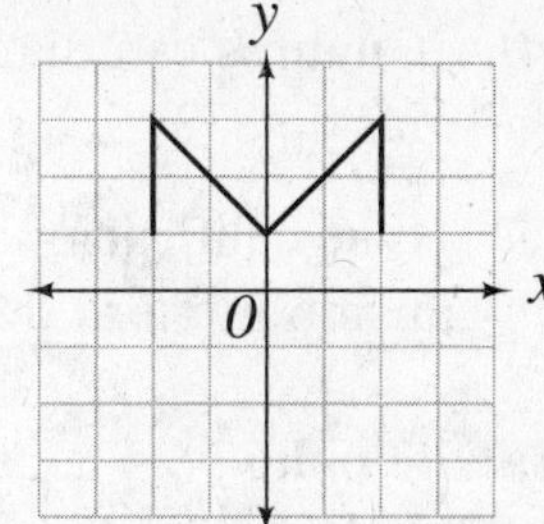

**La figura II es la imagen de la figura I. Indica si la transformación es una traslación, una reflexión o una rotación.**

**9.** 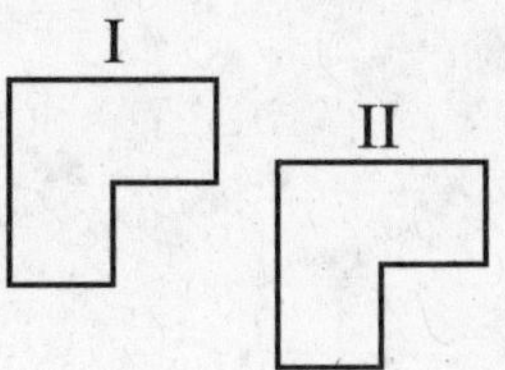

**10.** 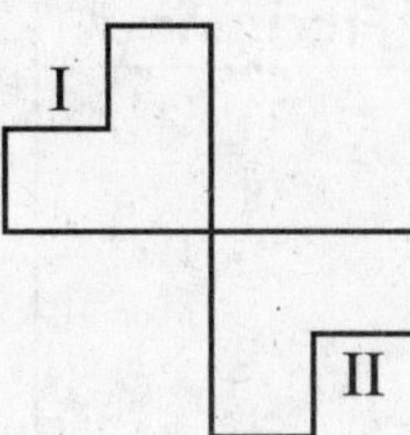

_________________________  _________________________

**11.** 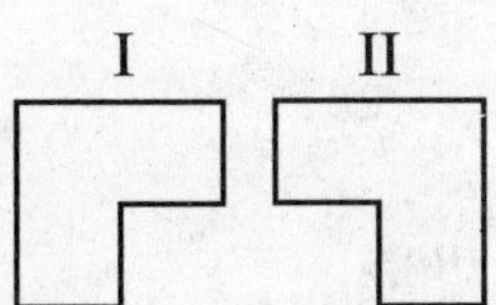

**12.** 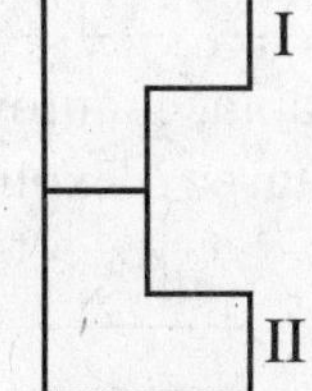

_________________________  _________________________

# Práctica 11-1

**Informar sobre la frecuencia**

**Haz una tabla de frecuencia y un diagrama de puntos para los siguientes datos.**

1. cajas de jugo vendidas por día:

   26  21  26  24  27  23  24  22

   26  21  23  26  24  26  23

**La Sra. Makita hizo un diagrama de puntos para mostrar las calificaciones que obtuvieron sus estudiantes en una prueba. A la derecha se ve el diagrama de puntos de la Sra. Makita.**

2. ¿Qué representa cada elemento o $x$? _______________________

3. ¿Cuántos más estudiantes obtuvieron 75 que 95? _______________________

4. ¿Cuántos estudiantes obtuvieron más de 85? _______________________

5. ¿Qué calificaciones obtuvieron el mismo número de estudiantes? _______________________

Calificaciones de la prueba

```
X               X
X   X   X   X
X   X   X   X           X
X   X   X   X   X   X
X   X   X   X   X   X
X   X   X   X   X   X
———————————————————————→
75  80  85  90  95  100
```

**Natalie pidió a 24 compañeros de clase que estimaran el número total de horas (redondeando al cuarto de hora más cercano) que les lleva hacer su tarea entre el lunes y el jueves. La siguiente tabla de frecuencia muestra sus respuestas.**

### Horas dedicadas a hacer los deberes

| Número de horas | Frecuencia |
| --- | --- |
| 1 – 1.75 | 1 |
| 2 – 2.75 | 1 |
| 3 – 3.75 | 2 |
| 4 – 4.75 | 6 |
| 5 – 5.75 | 8 |
| 6 – 6.75 | 3 |
| 7 – 7.75 | 2 |
| 8 – 8.75 | 1 |

6. ¿Puedes indicar, a partir de la tabla, cuántos estudiantes pasan dos horas o menos haciendo la tarea? Explica tu respuesta.

   _______________________________________________________________

7. ¿Cuántos más estudiantes hacen los deberes en al menos 5 horas, que los que los hacen en menos de 4 horas?

8. Haz un histograma con los datos. Usa los intervalos de la tabla.

# Práctica 11-2



**Usa la siguiente hoja de cálculo para resolver los ejercicios 1 a 4.**

### Entradas de concierto vendidas

|   | A | B | C |
|---|---|---|---|
| 1 | Función | Entradas de adulto | Entradas de estudiante |
| 2 | Jueves | 47 | 65 |
| 3 | Viernes | 125 | 133 |
| 4 | Sábado | 143 | 92 |

**1.** ¿Qué valor muestra la celda B3?

______________________

**2.** ¿Qué celda muestra 65 entradas vendidas?

______________________

**3.** ¿Cuántas más entradas de adulto que de estudiante se vendieron
el sábado?

______________________

**4.** La productora del concierto pensó que tendría la mayor
asistencia el sábado. Compara los datos con sus expectativas.

________________________________________

________________________________________

________________________________________

**Decide si para los datos disponibles conviene más una gráfica de doble
barra o una gráfica de doble línea. Haz una gráfica con los datos.**

**5.** estudiantes que toman clases de idiomas extranjeros

| Año | Niños | Niñas |
|---|---|---|
| 1990 | 45 | 60 |
| 1991 | 50 | 55 |
| 1992 | 70 | 60 |
| 1993 | 55 | 75 |

**6.** actividades deportivas extracurriculares

| Deporte | Niños | Niñas |
|---|---|---|
| básquetbol | 40 | 30 |
| voleibol | 30 | 40 |
| fútbol | 40 | 25 |

# Práctica 11-3

**Diagramas de tallo y hojas**

**El diagrama de tallo y hojas de la derecha muestra el número de
canastas anotadas por uno de los diez equipos internos de básquetbol
en la última temporada. Úsalo para resolver los ejercicios 1 a 4.**

1. ¿Cuántos datos hay?

   _______________

2. ¿Cuál es la menor medición dada?

   _______________

3. ¿Cuál es la mayor medición dada?

   _______________

| 5 | 2 | 6 | 9 |
|---|---|---|---|
| 6 | 0 | 4 | 6 |
| 7 | 1 | 5 |   |
| 8 | 4 | 8 |   |

8 | 4 significa 84

4. ¿En cuántos partidos anotó el equipo menos de 70 canastas?

5. Haz un diagrama de tallo y hojas y una gráfica de frecuencias
   acumuladas para el conjunto de datos.

   calificaciones de la prueba de ciencias:   83   73   78   60   85

   92   95   85   99   68

**Usa el diagrama de tallo y hojas del ejercicio 5 para responder a las preguntas 6 a 8.**

6. Halla la moda de las calificaciones de las pruebas.

   _______________________________________________

7. ¿Cuántos elementos hay en el conjunto?

   _______________________________________________

8. Halla la media de las calificaciones de la prueba.

   _______________________________________________

9. Tienes una hoja de cálculo que muestra cuántos DVD se compraron en
   1998, 2000 y 2002. La hoja de cálculo también muestra cuántos videocasetes
   se compraron en 1998, 2000 y 2002. ¿Cuál es la opción más efectiva para
   desplegar los datos: una gráfica de doble línea o un diagrama de tallo
   y hojas? Explica tu respuesta.

   _______________________________________________

   _______________________________________________

# Práctica 11-4



**Deseas hacerle una encuesta a los estudiantes de tu escuela sobre sus hábitos de ejercicio. Indica si los ejercicios 1 y 2 te darán una muestra aleatoria de la población, y explica tu respuesta.**

**1.** Selecciona uno de cada diez estudiantes a partir de una lista alfabética de los estudiantes de tu escuela. Entrevista a los estudiantes seleccionados en sus clases del primer período.

_______________________________________________

**2.** A la hora del almuerzo párate frente a una máquina dispensadora. Entrevista a cada estudiante que compre algo de la máquina.

_______________________________________________

**¿Es *tendenciosa* o *imparcial* cada una de las preguntas? Vuelve a escribir las preguntas tendenciosas para hacerlas imparciales.**

**3.** ¿Crees que el uso del casco debería ser obligatorio para todos los ciclistas?

_______________________________________________

**4.** ¿Prefieres la belleza natural de los pisos de madera en tu hogar?

_______________________________________________

**5.** ¿Haces ejercicio con regularidad?

_______________________________________________

**6.** ¿Comes al menos la cantidad recomendada de frutas y verduras para garantizar una vida larga y saludable?

_______________________________________________

**7.** ¿Te gusta más el aspecto de una alfombra espesa y suntuosa en tu sala de estar?

_______________________________________________

**8.** ¿Tomas diariamente un complejo multivitamínico como complemento de tu dieta?

_______________________________________________

**9.** ¿Lees el diario para estar informado de los sucesos mundiales?

_______________________________________________

**10.** ¿Piensas que los noticieros de TV dan una imagen sensacionalista de los problemas cotidianos?

_______________________________________________

# Práctica 11-5

Estimar la población

Los trabajadores de un parque estatal capturaron, etiquetaron y liberaron a las especies indicadas en la tabla de la derecha. Meses más tarde capturaron el número de animales indicado en la tabla de abajo y contaron los animales etiquetados. Utiliza una proporción para estimar la población de cada especie que habita en el parque.

| Animales etiquetados | |
| --- | --- |
| Osos | 12 |
| Ardillas | 50 |
| Mapaches | 23 |
| Conejos | 42 |
| Truchas | 46 |
| Zorrillos | 21 |

| | Capturados | Etiquetados contados | Población aproximada |
| --- | --- | --- | --- |
| **1.** Osos | 30 | 9 | |
| **2.** Ardillas | 1,102 | 28 | |
| **3.** Mapaches | 412 | 10 | |
| **4.** Conejos | 210 | 2 | |
| **5.** Truchas | 318 | 25 | |
| **6.** Zorrillos | 45 | 6 | |

Un guarda forestal etiqueta 100 animales. Aplica una proporción para estimar la población total de cada muestra.

**7.** 23 de 100 animales están etiquetados

__________________

**8.** 12 de 75 animales están etiquetados

__________________

**9.** 8 de 116 animales están etiquetados

__________________

**10.** 5 de 63 animales están etiquetados

__________________

**11.** 4 de 83 animales están etiquetados

__________________

**12.** 3 de 121 animales están etiquetados

__________________

**13.** 83 de 125 animales están etiquetados

__________________

**14.** 7 de 165 animales están etiquetados

__________________

Usa una proporción para estimar la población de cada animal.

**15.** Total de patos contados: 1,100
Patos marcados contados: 257
Total de patos marcados: 960

__________________

**16.** Total de caimanes contados: 310
Caimanes marcados contados: 16
Total de caimanes marcados: 90

__________________

# Práctica 11-6



**La siguiente tabla muestra el número de estudiantes que se inscribieron a clases de natación de 2001 a 2003.**

1. Basándote en los datos, dibuja una gráfica de doble línea que muestre el aumento en el número de estudiantes que se inscribieron a clases de natación en el verano.

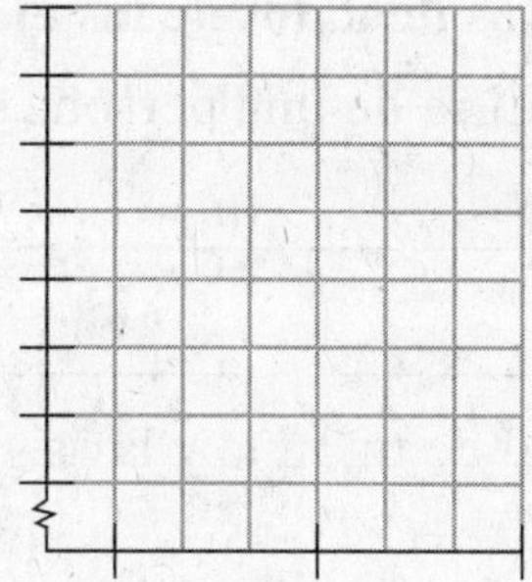

| Inscripciones a clases de natación | | |
|---|---|---|
| | **Niños** | **Niñas** |
| 2001 | 375 | 360 |
| 2002 | 400 | 395 |
| 2003 | 410 | 420 |

2. Utiliza los mismos datos para dibujar una segunda gráfica de doble línea que no señale el aumento en el número de estudiantes que se inscribieron a clases de natación en el verano.

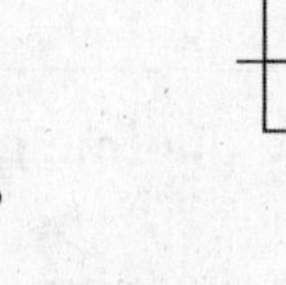

3. ¿Cuál de las gráficas podría utilizarse para solicitar más horarios reservados para clases de natación en la piscina?

_______________________________________________

_______________________________________________

**Vince obtuvo las siguientes calificaciones en las pruebas de cada capítulo de su clase de matemáticas. Usa estos datos en los ejercicios 4 a 6.**

95    89    83    90    83

4. Halla la media, la mediana y la moda de sus calificaciones en las pruebas.

_______________________________________________

5. ¿Debe Vince describir sus pruebas utilizando la media, la mediana o la moda para mostrar su capacidad en matemáticas?

_______________________________________________

_______________________________________________

6. ¿Debe su maestra emplear la media, la mediana o la moda para animar a Vince a verificar su trabajo con más cuidado en la próxima prueba?

_______________________________________________

_______________________________________________

# Práctica 11-7

**Explorar diagramas de dispersión**

**Indica qué tendencia esperarías ver en los diagramas de dispersión si comparas los conjuntos de datos de los ejercicios 1 a 4. Explica tu razonamiento.**

**1.** la estatura de una persona y su número de calzado

_______________________________________________

_______________________________________________

**2.** la edad de un niño y la asignación semanal que recibe

_______________________________________________

_______________________________________________

**3.** la distancia a la que uno vive de la escuela y la extensión de la jornada escolar

_______________________________________________

_______________________________________________

**4.** el promedio de horas que duerme un niño y su edad

_______________________________________________

_______________________________________________

**5.** Haz un diagrama de dispersión con los siguientes datos. ¿Muestra el diagrama alguna tendencia? Si es así, ¿cuál? _______________________

| Número de horas de práctica | Número de tiros libres anotados de cada 10 |
|:---:|:---:|
| 6 | 3 |
| 7 | 5 |
| 8 | 6 |
| 9 | 6 |
| 10 | 7 |
| 11 | 7 |
| 12 | 6 |
| 13 | 7 |

**Describe la tendencia en cada diagrama de dispersión.**

**6.**
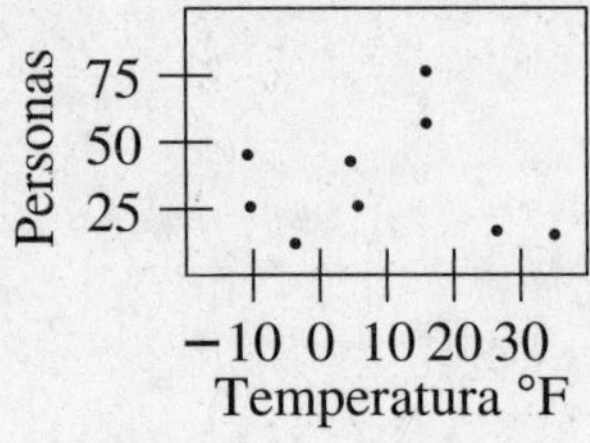


**7.**
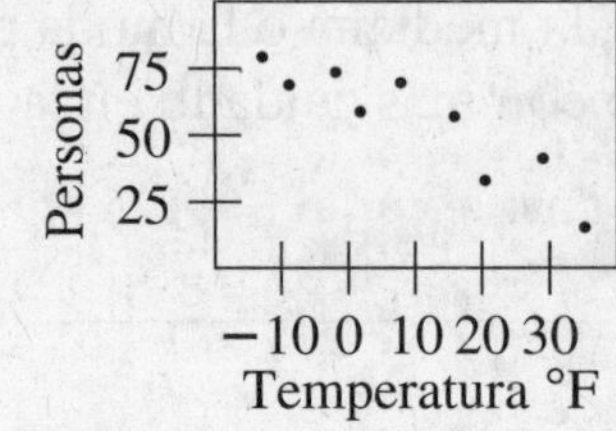


**8.**
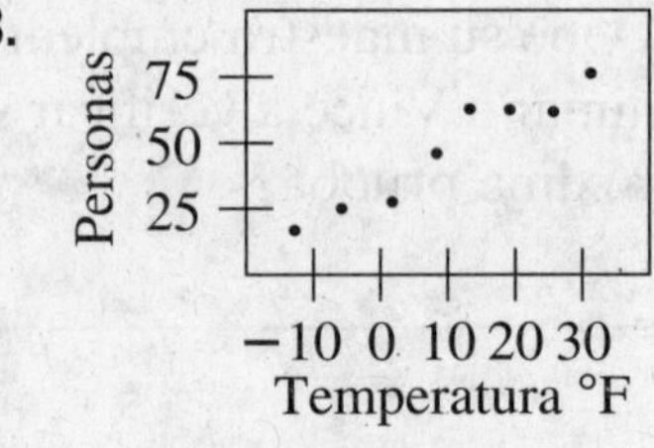


_______________________   _______________________   _______________________

# Práctica 12-1

**Probabilidad**

**Haces girar una flecha giratoria con números del 1 al 10. Cada resultado es igualmente probable. Encuentra las probabilidades que se indican a continuación como fracción, decimal y porcentaje.**

**1.** $P(9)$

**2.** $P(\text{par})$

**3.** $P(\text{número mayor que 0})$

**4.** $P(\text{múltiplo de 4})$

_______________  _______________  _______________  _______________

**Hay ocho canicas azules, nueve naranjas y seis amarillas en una bolsa. Sacas una canica. Calcula las distintas probabilidades.**

**5.** $P(\text{canica azul})$ _______________

**6.** $P(\text{canica amarilla})$ _______________

**7.** ¿Qué canica agregarías o quitarías para que la probabilidad de sacar una canica azul sea $\frac{1}{3}$?

_______________________________________________

**Una caja contiene 12 tiras de papel, como se indica. Existe la misma probabilidad de sacar cada tira de papel. Calcula las distintas probabilidades.**

| rojo | azul | amarillo | azul |
|------|------|----------|------|
| amarillo | rojo | azul | rojo |
| rojo | rojo | rojo | amarillo |

**8.** $P(\text{rojo})$

**9.** $P(\text{azul})$

**10.** $P(\text{amarillo})$

_______________  _______________  _______________

**11.** $P(\text{rojo o azul})$

**12.** $P(\text{rojo o amarillo})$

**13.** $P(\text{azul o amarillo})$

_______________  _______________  _______________

**14.** $P(\text{no rojo})$

**15.** $P(\text{no azul})$

**16.** $P(\text{no amarillo})$

_______________  _______________  _______________

**Seleccionas una letra al azar de una bolsa que contiene las letras S, P, I, N, N, E y R. Calcula las probabilidades de cada resultado.**

**17.** seleccionar una N

**18.** seleccionar una S

_______________  _______________

# Práctica 12-2

**Probabilidad experimental**

**Supón que observas el color de los calcetines de los estudiantes de tu clase: 12 son blancos, 4 negros, 3 azules y 1 rojos. Calcula cada probabilidad experimental como fracción en su mínima expresión.**

**1.** $P$(blancos) _______

**2.** $P$(rojos) _______

**3.** $P$(azules) _______

**4.** $P$(negros) _______

**5.** $P$(amarillos) _______

**6.** $P$(negros o rojos) _______

**Usa los datos de la tabla de la derecha para resolver los ejercicios 7 a 12. Calcula cada probabilidad experimental como porcentaje.**

| Aperitivo favorito Resultados de la encuesta | |
| --- | --- |
| **Aperitivo** | **Número de estudiantes** |
| Fruta | 8 |
| Granola | 2 |
| Galletas saladas | 3 |
| Papas fritas | 7 |
| Zanahorias | 5 |

**7.** $P$(fruta)

_______

**8.** $P$(granola)

_______

**9.** $P$(galletas saladas)

_______

**10.** $P$(zanahorias)

_______

**11.** $P$(no fruta)

**12.** $P$(granola o papas fritas)

**13.** Realiza un experimento para calcular la probabilidad de que una palabra escogida al azar en un libro sea la palabra *el*. ¿Cuántas palabras miraste para encontrar $P$(el)? ¿Qué es $P$(el)?

_____________________________________________________________

**14.** Supón que se obtiene el siguiente resultado al arrojar al aire una moneda: cara, cruz, cara, cruz, cara. ¿Cuál es la probabilidad experimental para cara?

_____________________________________________________________

**Resuelve.**

**15.** La probabilidad de que un niño de doce años tenga un hermano o hermana es del 25%. Si entrevistaras a 300 niños de doce años, ¿cuántos crees que tendrían un hermano o hermana? _______________

**16.** **a.** Un inspector de control de calidad encontró defectos en 13 de 150 sudaderas. Halla la probabilidad de que una sudadera tenga un defecto, redondeando al décimo porcentual más cercano. _______________

**b.** Supón que la empresa produce 500 sudaderas por día. ¿Cuántas no tendrán defectos? _______________

**c.** Supón que la empresa produce 600 sudaderas por día. ¿Cuántas tendrán defectos? _______________

# Práctica 12-3

**Espacios muestrales**

**Traza una tabla que indique el espacio muestral y halla el número de resultados. Luego, calcula la probabilidad.**

1. Un teatro usa una letra para indicar el número de fila y un número para indicar la columna en la que se encuentra una butaca. Si hay ocho filas y diez columnas, ¿cuál es la probabilidad de seleccionar una butaca al azar en la columna 1? _______________

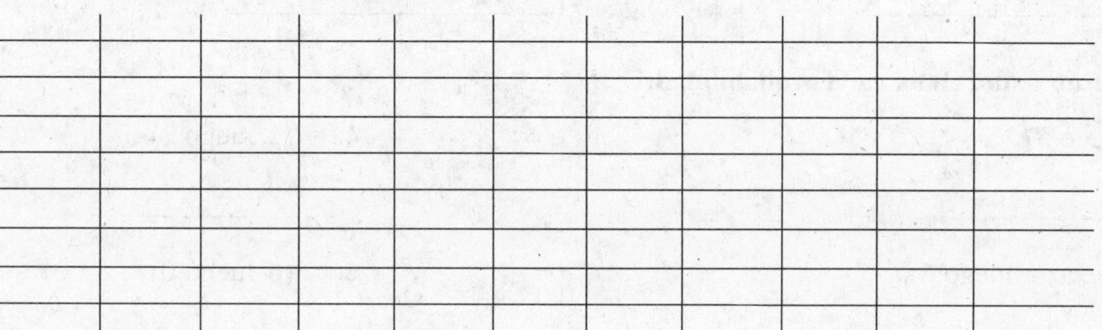

**Haz un diagrama de árbol. Luego, halla la probabilidad.**

2. Se arroja una moneda al aire tres veces.
   a. Haz un diagrama de árbol que muestre todos los posibles resultados en que caerá la moneda.

   b. Calcula la probabilidad de que la moneda caiga cara las tres veces o cruz las tres veces. _______________

**Usa el principio de conteo.**

3. Una empresa de pizzas hace pizza en tres tamaños diferentes: pequeña, mediana y grande. Hay cuatro agregados posibles: pepperoni, salchicha, pimiento verde y champiñones. ¿Cuántas clases diferentes de pizza con un agregado se ofrecen? _______________

4. Puedes elegir entre tres tipos de sándwich y tres tipos de jugo para el almuerzo. ¿Cuántas combinaciones posibles tienes de sándwich y jugo? _______________

**Susan tiene suéteres rojos, azules y amarillos. Joanne tiene suéteres verdes, rojos y blancos. Los suéteres de Diane son rojos, azules y malvas. Cada niña tiene un solo suéter de cada color, y escogerá al azar un suéter para ponerse. Calcula cada probabilidad.**

5. $P$(cada niña elige un color diferente)

   _______________

6. $P$(todas las niñas eligen el mismo color)

   _______________

7. $P$(dos niñas eligen el mismo color y la tercera, uno diferente)

   _______________

8. $P$(todas las niñas eligen un suéter rojo)

   _______________

# Práctica 12-4

**Sucesos compuestos**

**Cada letra de la palabra MASSACHUSETTS se escribe en una tarjeta.
Las tarjetas se colocan en una canasta. Halla las distintas probabilidades.**

1. ¿Cuál es la probabilidad de seleccionar dos S si la primera tarjeta se vuelve a colocar en la canasta después de elegir la segunda tarjeta?

   _____________________

2. ¿Cuál es la probabilidad de seleccionar dos S si la primera tarjeta no se vuelve a colocar después de elegir la segunda tarjeta?

   _____________________

**Haces rodar un dado. Halla cada probabilidad.**

3. $P(3, \text{luego } 5)$

   _____________________

4. $P(2, \text{luego } 2)$

   _____________________

5. $P(5, \text{luego } 4, \text{luego } 6)$

   _____________________

6. $P(6, \text{luego } 0)$

   _____________________

**Cuatro niñas y ocho niños son candidatos a presidente o vicepresidente
del Consejo Estudiantil. Halla las distintas probabilidades.**

7. Halla la probabilidad de que dos niños sean elegidos.

   _____________________

8. Halla la probabilidad de que dos niñas sean elegidas.

   _____________________

9. Halla la probabilidad de que el presidente sea un niño y la vicepresidenta sea una niña.

   _____________________

10. Halla la probabilidad de que la presidenta sea una niña y el vicepresidente sea un niño.

    _____________________

**Una caja contiene 10 pelotas numeradas de 1 a 10. Marisa extrae una
pelota, anota su número y la devuelve a la caja. Luego, Penny extrae una
pelota. Halla las probabilidades.**

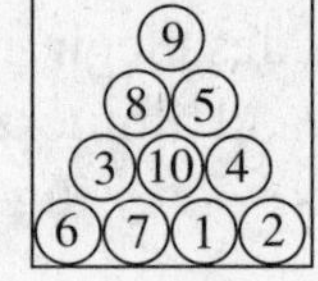


11. $P(9, \text{luego } 3)$

    _____________________

12. $P(\text{par, luego impar})$

    _____________________

13. $P(\text{impar, luego } 2)$

    _____________________

14. $P(\text{la suma de los números es } 25)$

    _____________________

15. $P(\text{primo, luego compuesto})$

    _____________________

16. $P(\text{factor de } 8, \text{luego múltiplo de } 2)$

    _____________________

# Práctica 12-5



**Halla el número de permutaciones de cada grupo de letras.**

**1.** L, U, C, E, S

**2.** A, M, I, G, O, S

**3.** E, S, C, R, I, T, O, R

**Escribe el número de permutaciones en forma de factores. Luego, simplifica.**

**4.** S, P, A, C, E

**5.** P, L, A, N

**6.** S, A, M, P, L, E

**Halla el número de permutaciones de tres letras en cada grupo de letras.**

**7.** A, P, Q, M

**8.** L, S, U, V, R,

**9.** M, B, T, O, D, K

**Halla el valor de cada expresión factorial.**

**10.** 9!

**11.** 7!

**12.** 6!

**Resuelve.**

**13.** Supón que el primero, el segundo y el tercero de los ganadores de un certamen deben ser elegidos entre ocho estudiantes clasificados. ¿De cuántas maneras pueden ser elegidos los ganadores? _______________

**14.** Antonio tiene nueve sudaderas diferentes para usar en su trabajo al aire libre. Tiene tres pares de pantalones vaqueros y dos pares de pantalones de trabajo. ¿Cuántos conjuntos diferentes puede usar Antonio en su trabajo? _______________

**15.** Ramona tiene un candado de combinación para su bicicleta. Sabe que los números son 20, 41 y 6, pero no recuerda su orden. ¿Cuántos arreglos posibles existen? _______________

**16.** Travis está plantando 5 rosales a lo largo de una cerca. Cada rosal da flores de un color diferente: rojo, amarillo, rosa, durazno y blanco. Si quiere plantar 3 rosales separados por rosales de rosas blancas y amarillas, ¿de cuántos modos posibles puede plantar los 5 rosales? _______________

# Práctica 12-6

**Combinaciones**

**Halla el número de combinaciones posibles.**

**1.** Escoge 3 personas entre 4.

**2.** Escoge 4 personas entre 6.

**Usa los números 3, 5, 8, 10, 12, 15, 20. Haz una lista de todas las combinaciones.**

**3.** 2 números pares

**4.** 3 números impares

**5.** 1 par, 1 impar

**6.** 2 números cualesquiera

**7.** Acabas de comprar cinco libros nuevos para leer. Quieres llevarte dos de ellos contigo en las vacaciones. ¿De cuántas maneras puedes elegir dos libros para llevarte? _______________

**Charmayne está organizando un concurso de atletismo. Hay 4 corredoras en su categoría. Cada corredora debe competir individualmente contra cada una de las otras corredoras de su categoría.**

**8.** ¿Cuántas carreras debe programar Charmayne? _______________

**9.** ¿Debe programar permutaciones o combinaciones? _______________

**Un comité para la fiesta de fin de año está compuesto por cuatro estudiantes de octavo grado y tres de séptimo. Se forma un subcomité de tres miembros.**

**10.** ¿Cuántas combinaciones diferentes de estudiantes de octavo grado puede haber si hay tres de octavo grado en el subcomité?

**11.** ¿Cuántas combinaciones diferentes de estudiantes de séptimo grado puede haber si el subcomité está formado por tres de séptimo grado?